O DIREITO DE EXCLUSÃO
DE SÓCIO NA SOCIEDADE ANÓNIMA

JULIANO FERREIRA

Jurista

O DIREITO DE EXCLUSÃO DE SÓCIO NA SOCIEDADE ANÓNIMA

Noção de Direito de Exclusão e Distinção em Relação a Figuras Próximas

Compreensão da Natureza Jurídica do Direito de Exclusão e do Actual Fenómeno da Tipologia Societária

Surgimento da Figura da Exclusão e sua Sobrevivência nos Ordenamentos Jurídicos da Actualidade

O Direito de Exclusão nas Sociedades Anónimas

Conclusões

O DIREITO DE EXCLUSÃO
DE SÓCIO NA SOCIEDADE ANÓNIMA

AUTOR
JULIANO FERREIRA

EDITOR
EDIÇÕES ALMEDINA. SA
Av. Fernão Magalhães, n.º 584, 5.º Andar
3000-174 Coimbra
Tel.: 239 851 904
Fax: 239 851 901
www.almedina.net
editora@almedina.net

PRÉ-IMPRESSÃO | IMPRESSÃO | ACABAMENTO
G.C. GRÁFICA DE COIMBRA, LDA.
Palheira – Assafarge
3001-453 Coimbra
producao@graficadecoimbra.pt

Outubro, 2009

DEPÓSITO LEGAL
300890/09

Os dados e as opiniões inseridos na presente publicação
são da exclusiva responsabilidade do(s) seu(s) autor(es).

Toda a reprodução desta obra, por fotocópia ou outro qualquer
processo, sem prévia autorização escrita do Editor, é ilícita
e passível de procedimento judicial contra o infractor.

Biblioteca Nacional de Portugal - Catalogação na Publicação

FERREIRA, Juliano

O direito de exclusão de sócios na
sociedade anónima. - (Monografias)
ISBN 978-972-40-3981-7

CDU 347

Para a minha Avó

"Tudo é ousado para quem a nada se atreve"
Fernando Pessoa

NOTA PRÉVIA

O trabalho que agora se dá a conhecer ao público com o honroso patrocínio da Editora Almedina é o resultado de uma investigação realizada no âmbito da disciplina de Direito Comercial, leccionada pelo Doutor Alexandre Soveral Martins, primeiro impulsor da sua execução e a quem, desde já, se deixa o sincero agradecimento e ao mesmo tempo a incerteza de algum dia poder vir a retribuir os ensinamentos e o acompanhamento indispensáveis à sua concretização.

É certo que o trabalho ganhou vida própria e extravasou os limites que inicialmente lhe estavam destinados, tendo sido submetido a apreciação por um júri no âmbito do prémio Doutor Teixeira Ribeiro, instituído pela Faculdade de Direito da Universidade de Coimbra. A esse júri e à Faculdade se deve estender por isso aquela mesma gratidão.

Por essa razão se manteve praticamente inalterada a versão original do trabalho, não tendo sido actualizada a bibliografia e tendo sido mantidas as vicissitudes próprias da natureza académica do mesmo.

Uma palavra ainda para quem sempre acreditou e me fez acreditar que nada deve ser tomado por garantido, que os limites servem apenas para ser ultrapassados, as convicções postas em causa e as certezas ponto de partida para novas descobertas.

A todos quantos contribuíram, em maior ou menor medida, para a vida da presente obra, o eterno agradecimento de quem vos carrega com o peso de uma insustentável leveza dentro do coração.

Lisboa, 26 de Julho de 2008

RESUMO

O tema deste trabalho é a exclusão de sócio na sociedade anónima. Propomo-nos analisar a problemática da possibilidade da exclusão de sócio neste tipo de sociedade, atentas as suas especificidades e a sua tradicional qualificação como sociedade de capitais[1]. Na impossibilidade de uma abordagem estritamente legal – não há norma no Código das Sociedades Comerciais que preveja a exclusão de sócio na sociedade anónima – tentaremos empreender uma análise que permita desvendar os *interesses* que estão subjacentes à existência desta figura jurídica, tendo como necessário referente a sua ampla previsão para o tipo *sociedade por quotas*, no sentido de aferir da exigibilidade da mesma no estrito campo da sociedade anónima. Daí que se proceda a uma análise do regime legal da exclusão de sócio no tipo *sociedade por quotas*, ainda que tal não seja, directamente, o alvo do nosso trabalho. Porém, trata-se de uma exigência que resulta não só da necessidade de descortinar as razões do tratamento diferenciado dos dois tipos sociais em causa, como igualmente constitui um esboço de soluções eventualmente aplicáveis na falta de regulamentação na sociedade anónima. O que se enquadra aliás na indispensabilidade de, no caso de se verificarem exigências suficientemente fortes para admitir o direito de exclusão na sociedade anónima, determinar o mecanismo legal que permita aceder a essa pretensão.

É o que se propõe levar a cabo neste empreendimento.

---

[1] Doutrina pacificamente aceite entre nós, a que considera a sociedade anónima como o "...protótipo das sociedades de capitais". A expressão é de COUTINHO DE ABREU, "Curso de Direito Comercial vol. II, Das Sociedades" 4.ª reimpressão da versão de 2002, pág. 68.

ABSTRACT

The theme of this work is the shareholder exclusion from a corporation ("sociedade anónima"). We propose to examine the possibility of shareholder exclusion in this type of company, given its specificity and its traditional classification as a capital company. Given the impossibility of a strictly legal approach - there is no rule in the Portuguese Companies Code ("Código das Sociedades Comerciais") which expressly allow the exclusion of shareholders in this kind of companies – we try to undertake an analysis that allows to unravel the interests that lie underneath the existence of this legal figure, proceeding from the wide treatment that the legal figure receives in limited liability companies ("sociedades por quotas"), in order to ascertain the enforceability of the same measures in the strict field of corporations. Therefore we undertake a review of the legal and statutory scheme of shareholder exclusion in limited liability companies, though this is not, directly, the target of our work. Nevertheless, it is a requirement that arises not only from the need to uncover the reasons for the differential treatment of the two types of companies, but also provides an outline of solutions which might apply to corporations, given the absence of regulation. This intention fits in the indispensability, if we conclude that there is an enough strong demand to apply the same regime, to determine the legal mechanism that provides access to that claim.

It is what we propose to undertake in this venture.

ABREVIATURAS

BFD	Boletim da Faculdade de Direito
CC	Código Civil
CRCom	Código do Registo Comercial
CRP	Constituição da República Portuguesa
CSC	Código das Sociedades Comerciais
CVM	Código dos Valores Mobiliários
INE	Instituto Nacional de Estatística
LSQ	Lei das Sociedades por Quotas (1901)
OPA	Oferta Pública de Aquisição
PME	Pequena(s) e média(s) empresa(s)
ROA	Revista da Ordem dos Advogados
RRNPC	Regime do registo nacional de pessoas colectivas
SA	Sociedade anónima
SAS	*Societé par actions simplifiée*
SCacções	Sociedade em comandita por acções
SCsimples	Sociedade em comandita simples
SEF	Sociedade Europeia Fechada
SNC	Sociedade em nome colectivo
SPA	*Società per azione*
SQ	Sociedade por quotas
SRL	*Società a responsabilità limitata*
STJ	Supremo Tribunal de Justiça
TRL	Tribunal da Relação de Lisboa
TRP	Tribunal da Relação do Porto

I
NOÇÃO DE DIREITO DE EXCLUSÃO E DISTINÇÃO EM RELAÇÃO A FIGURAS PRÓXIMAS

Sumário: 1. Introdução. 1.1. Inserção da figura jurídica da exclusão na matéria relativa à perda da qualidade de sócio. 1.2. Distinção entre o direito de exclusão e demais causas de perda da qualidade de sócio. 1.2.1. Transmissão de participações sociais. 1.2.2. Aquisição tendente ao domínio total (*squeeze-out*) 1.2.3. Amortização de participações sociais. 1.2.4. Exoneração de sócio. 1.2.5. Exclusão de sócio. 1.2.5.1. O direito de exclusão como modelo de resolução de um concreto conflito de interesses. 1.2.5.2. Noção de direito de exclusão.

1. INTRODUÇÃO

1.1. Inserção da figura jurídica da exclusão na matéria relativa à perda da qualidade de sócio

A sociedade comercial surge entre nós inicialmente regulada como um contrato – o contrato de sociedade. Curiosamente aparece em tais termos à luz do direito civil, art. 980.º do Código Civil, recebendo depois as vestes próprias da comercialidade pelo preenchimento dos requisitos de que se faz depender a submissão do seu regime às normas do Código das Sociedades Comerciais, ou seja, serão comerciais se previrem a prática de actos de comércio *e* adoptarem um dos tipos previstos. Assim sendo, verifica-se que pela celebração do contrato de sociedade os contraentes criam um ente associativo de tipo societário que é diferente das pessoas de cada um deles, individualmente considerados, fazendo surgir uma nova pessoa jurídica que constituirá centro autónomo de imputação de direitos e obrigações e que terá por isso personalidade e capacidade jurídicas. A sociedade passa então a existir como entidade ou *instituição*, não obstante a sua origem contratual.

O momento da válida celebração do contrato é igualmente o momento em que os contraentes adquirem a qualidade de *sócios*, passando a constituir o substrato pessoal da sociedade que criaram[2], característica essencial do nascimento e sobrevivência de uma sociedade, seja qual for o seu tipo[3].

No entanto, a relação que desse modo se estabelece entre sociedade e sócios pode não ser duradoura ou eterna, apesar de ser constituída, as mais das vezes, por tempo indeterminado – sendo esse aliás o regime supletivo legal que se retira do art. 15.º CSC. Desde logo haverá casos em que a sociedade é apenas constituída por tempo certo, findo o qual entra em liquidação com vista à sua dissolução. Mas a verdade é que, ainda que constituída por tempo indeterminado, poderão existir casos em que a inicial relação que se estabelece entre sócios e sociedade se interrompe por qualquer causa, sem que isso implique, ao contrário do que sucede no caso anterior, a extinção da sociedade. Por outras palavras, existem casos de *perda da qualidade de sócio* não acompanhada do desaparecimento da sociedade, continuando esta a prossecução do fim para realização do qual fora criada.

E é no âmbito das causas que implicam a perda da qualidade de sócio que se insere o direito de exclusão de sócio de uma sociedade comercial. No entanto, esta não é causa única, pelo que se impõe um esclarecimento quanto às demais causas de perda da qualidade de sócio e a sua efectiva distinção em relação ao direito de exclusão.

---

[2] Expressão desta ideia encontramo-la no art. 274.º CSC, norma inserida na regulamentação relativa às SA mas que não deixa de ter relevância mais globalizante, onde se diz que "A qualidade de sócio surge com a celebração do contrato de sociedade..."

[3] Ou seja, a sociedade, enquanto ente associativo não pode deixar de ter um substrato pessoal; casos haverá em que esse substrato não se consubstanciará numa multiplicidade de sócios – unipessoalidade originária ou superveniente, duradoura ou temporária (com eventual intervenção da necessidade de *spes refectionis*) – mas ainda assim apenas subsistirá se existirem pessoas.

1.2. Distinção entre o direito de exclusão e demais causas de perda da qualidade de sócio

A perda da qualidade de sócio implica a saída de um ou mais sócios da sociedade sem que no entanto se verifique a dissolução desta, que mantém a sua actividade mas agora sem a colaboração do(s) sócio(s) em causa. Ou seja, referimo-nos a casos em que a pessoa da sociedade se mantém, ainda que se altere o seu substrato pessoal, independentemente das causas por que tal alteração haja de se verificar.

Poderá verificar-se a perda da qualidade de sócio nos seguintes casos mais significativos:

1.2.1. *Transmissão de participações sociais*

A transmissão voluntária da totalidade das participações sociais detidas por um sócio implica a sua saída da sociedade[4], pelo que em tal situação estaremos perante um fenómeno *voluntário* de perda da qualidade de sócio. O sócio que decide sair de uma sociedade, nos casos em que possa transmitir efectivamente as suas participações sociais, aliena-as, fazendo com que outro sujeito entre na sociedade ou com que aquelas passem a caber aos sócios que permanecem, ou ficando eventualmente a caber à própria sociedade, contanto que esta as possa adquirir em respeito pelo regime das participações próprias.

Por isso fácil se torna concluir que a transmissão (da totalidade) das participações sociais é desde logo um acto voluntário[5] – o sócio *decide*

---

[4] Leia-se, a título de sócio. Na verdade, o sujeito pode permanecer como gerente ou administrador, perdendo apenas a qualidade de sócio e os direitos inerentes a essa qualidade consolidados na participação social. Se no momento da alienação das participações sociais quiser igualmente renunciar à qualidade de gerente terá de o comunicar por escrito à sociedade, nos termos do art. 258.º n.º 1.

[5] Neste âmbito não incluímos as transmissões *forçadas*, como a aquisição tendente ao domínio total (*infra*, ponto 1.2.2) ou os casos de transmissão em processo de execução da participação social movida por credor particular do sócio, precisamente por se tratarem de fenómenos involuntários. Este último caso, porém, tende a operar num circunstancialismo alheio à sociedade, uma vez que não tem origem no seu seio; trata-se de uma relação entre o sócio e um credor particular, sendo vista a participação social apenas como um bem avaliável em dinheiro e susceptível de penhora, em termos de satisfazer o crédito detido por terceiro. Não se trata por isso de um direito de exclusão uma vez que é determinado por uma relação extra-societária. Veja-se, a este respeito, o art. 239.º CSC.

alienar as quotas ou acções que detém – enquanto que a exclusão, como veremos, corresponde ao exercício de um direito por parte da sociedade que produz efeitos jurídicos na esfera jurídica do sócio sem ou mesmo contra a sua vontade.

1.2.2. Aquisição tendente ao domínio total (squeeze-out)

A aquisição tendente ao domínio total corresponde, por sua vez, a uma transmissão *forçada* das participações sociais, uma transmissão que não depende da vontade dos sócios livres ou minoritários, podendo mesmo ocorrer contra a sua real vontade de permanecer na sociedade[6]. Sucede nos casos em que uma sociedade (dominante) adquire um determinado número de participações sociais de uma outra (dominada), em termos que lhe conferem o controlo desta. Ao alcançar um tal nível de domínio, que deve ultrapassar os 90% do capital social da sociedade dominada, atribui a lei à sociedade dominante o direito potestativo de adquirir o remanescente das participações sociais. E daí a eventual confusão entre direito de aquisição potestativa do remanescente das participações sociais e direito (potestativo) de excluir determinado(s) sócio(s)[7].

Porém, a aquisição tendente ao domínio total não se deve confundir com a exclusão de sócio porque os seus pressupostos tendem a caracterizá--la como uma forma de aquisição *das participações sociais* e não como uma forma de afastar *as pessoas dos sócios*, não obstante esse ser um efeito necessário e eventualmente desejado, mas perfeitamente incidental

---

[6] Parecendo admitir esta como uma forma de exclusão (*ad nutum*) nas sociedades anónimas, para o direito espanhol, Mercedes Sánchez Ruiz, "La facultad de exclusión de sócios en la teoría general de las sociedades" Thomson, Civitas, 2006, págs. 169 a 173.

[7] No direito belga existe uma figura jurídica que configura, em nosso entender, um misto entre o direito de exclusão e o direito de aquisição potestativa, o que contribui para esbater ainda mais as (já poucas) diferenças entre as duas. Admite-se a possibilidade, no seio de uma sociedade anónima (ainda que não cotada em mercado regulamentado), de uma minoria qualificada solicitar ao juiz a exclusão de um sócio por justos motivos, pela via da transmissão forçosa da sua participação social. Neste caso a exclusão concretiza-se numa cessão obrigatória das participações sociais aos sócios que exercitem a faculdade judicial de exclusão, não funcionando tal direito como forma de defesa do interesse social, Mercedes Sánchez Ruiz, "La facultad de exclusión de sócios en la teoría general de las sociedades" Thomson, Civitas, 2006, págs. 133 e 134.

e secundário – o que se pretende em primeira linha é adquirir as participações sociais não detidas pela sociedade dominante. Trata-se por isso de um fenómeno *objectivo* de aquisição de participações sociais, enquanto que a exclusão é um fenómeno *subjectivo* de perda da qualidade de sócio.

Por fim, a distinção entre os dois fenómenos acentua-se se a operação de aquisição se ficar a dever não à vontade da sociedade dominante mas à vontade dos sócios livres, que desta forma ficam com uma espécie de direito de exoneração (um direito de *alienação potestativa*), nos termos do art. 490.º n.º 5 CSC.

1.2.3. Amortização de participações sociais

O direito de amortização "...*tem por efeito a extinção da quota*..." (art. 232.º n.º 2 CSC) ou de qualquer participação social, operando-se a saída dos sócios da sociedade como uma consequência da extinção do conjunto unitário de direitos e obrigações em que aquela se consubstancia. A similitude com o direito de exclusão é inegável, sobretudo quando configurada como amortização compulsiva, como consequência ou sanção para certos actos que o contrato de sociedade estabeleça como causa de extinção da participação social, art. 233.º n.º 1. Mas ainda assim é possível defender a dissociação entre as duas figuras jurídicas, na medida em que a amortização corresponde ao "fenómeno (objectivo) da extinção da participação social", enquanto que a exclusão corresponde ao "fenómeno (subjectivo) da perda da qualidade de sócio"[8]. A amortização dirige-se primacialmente a operar sobre o objecto que é a participação social, enquanto que a exclusão incide unicamente sobre a pessoa (sujeito) do sócio[9-10].

---

[8] Para uma aproximação entre as semelhanças e as diferenças entre uma e outra ver CAROLINA CUNHA, "A exclusão de sócios (em particular nas sociedades por quotas), in "Problemas de Direito das Sociedades", IDET, Almedina, 2003, pág. 223 e 223.

[9] Revelador da diferença entre as duas figuras jurídicas é o art. 241.º CSC, que parte da previsão de exclusão, fazendo surgir a amortização como resposta para o destino da participação social, remissão que tende a operar, segundo alguns autores, numa fase posterior à exclusão, ponto de que trataremos *infra*, n.º 3.3.5.

[10] Com a mesma opinião, PINTO FURTADO "Código comercial anotado", vol. I, 1975, págs. 383 e 384, onde se refere que "o efeito prático alcançado (com a amortização)

1.2.4. Exoneração de sócio

O direito de exoneração tem subjacente diferentes interesses, sendo agora o mecanismo de eleição para proceder à saída do sócio da sociedade *por exercício da sua vontade*. O sócio pode ter interesse em conseguir a desvinculação da sociedade, havendo casos em que tal desejo é dificultado pela impossibilidade de livre transmissão das participações sociais. Quando assim seja é legítimo atribuir ao sócio um direito de exoneração para que este não fique perpetuamente vinculado à sociedade[11]. Logo, direito de exoneração e direito de exclusão são direitos diametralmente opostos: enquanto que o primeiro é o direito atribuído ao sócio de sair da sociedade, o segundo é o direito atribuído à sociedade de proceder ao afastamento do sócio, regulando por vezes um conflito de interesses semelhante, mas com uma solução diferente: num caso faz prevalecer o interesse do sócio (conferindo-lhe o direito de exoneração), no outro faz prevalecer o interesse da sociedade (conferindo-lhe o direito de excluir o sócio)[12].

2. EXCLUSÃO DE SÓCIO

O direito de exclusão de sócio da sociedade comercial constitui igualmente uma causa de perda da qualidade de sócio, tendo como consequência a saída forçada deste da sociedade. Como vimos, porém,

---

é, pois, muito semelhante ao da exclusão", distinguindo-se ambos porque "na amortização ataca-se objectivamente a participação social e não o sócio, que deixa de fazer parte do elenco social unicamente como consequência da extinção da sua quota."

[11] É de resto o que sucede nos termos do art. 229.º n.º 1 CSC.

[12] A composição e resolução deste jogo de interesses estão bem visíveis no art. 240.º n.º 1 b): perante um determinado conflito (de interesses) entre a sociedade e um sócio é atribuído àquela o direito de exclusão. Porém, a sociedade que não deliberou a exclusão do sócio – tendo justa causa para o fazer – pode prejudicar os interesses de outros sócios (nomeadamente porque existia essa justa causa, o que quer dizer que o comportamento do sócio tinha sido prejudicial), atribuindo-lhes a lei o direito de exoneração. Porque a justa causa decorre sempre de um comportamento lesivo do sócio que torna inexigível à sociedade suportar a permanência deste, se ele se mantém deve entender-se que é igualmente inexigível que os outros sócios permaneçam. Compreende-se assim que os demais sócios não queiram permanecer numa sociedade que tolera comportamentos que são lesivos do seu próprio interesse e, reflexamente, do interesse daqueles.

não se confunde com as demais causas de perda da qualidade de sócio, possuindo pressupostos e natureza jurídica próprias.

A razão do surgimento e da existência de tal direito na esfera da sociedade deve-se à própria estrutura societária e à coexistência de pessoas distintas que prosseguem um mesmo objectivo. Na verdade, a sociedade nasce do contrato e passa a coexistir com as pessoas dos sócios sem que, no entanto, uma e outros se confundam – tratam-se de pessoas distintas, sem prejuízo da necessidade de existência dos sócios para a existência da sociedade. Ou seja, tratam-se de pessoas que estão intrinsecamente interligadas, numa relação que poderá ser de maior ou menor proximidade e (inter)dependência, mas que terá sempre de existir sob pena de inexistência da própria sociedade.

A relevância do substrato pessoal que se encontra em qualquer sociedade comercial tem reflexos nos mais variados aspectos da vida societária, mas assume verdadeira importância no que diz respeito à formação e exteriorização da vontade da sociedade. Não possuindo esta um «órgão físico-psíquico» e «um ser dotado de consciência e vontade própria», a manifestação da sua vontade processa-se por deliberação social, ou seja, por deliberação dos sócios, tomada, as mais das vezes, por acordo da maioria (mas podendo haver casos em que se exija a unanimidade).

Mas, não obstante esta identificação (do surgimento) da sociedade com (a celebração de) um contrato, ficou já de certa forma subentendido nas palavras anteriores que ela possui igualmente a vertente de instituição[13] ou entidade – passa a existir como pessoa jurídica, dotada de personalidade a partir do registo do contrato, momento a partir do qual é dada a conhecer a todos, enquanto pessoa[14]. Daí que passe, como qualquer pessoa, a ter objectivos, pretensões, ambições e mesmo um património próprios, que

---

[13] Tal como sucede com o casamento, que pode ser visto como um contrato (ou um acto) mas que tende igualmente a estabelecer uma relação duradoura, dirigida ao «estabelecimento de uma plena comunhão de vida» entre os nubentes, caso em que se olha o casamento não como acto mas «...como *estado*...», PEREIRA COELHO / GUILHERME DE OLIVEIRA, "Curso de Direito da família", vol. I, 3.ª edição, Coimbra Editora, 2003.

[14] Aliás, certas legislações afirmam que "A corporation shall have the capacity and powers of a natural person of full capacity in so far as a juristic person is capable of having such capacity or of exercising such powers", CLOSE CORPORATIONS ACT 69 OF 1984 [Assentes to 19 June 1984] [Date of commencement: 1 January 1985], parte I, 2 n.º 4.

não se confundem com os que dizem respeito às pessoas dos sócios, que lhe deram origem e que ao mesmo tempo constituem o seu substrato pessoal. E por ser assim pode suceder que, a determinado momento da vivência conjunta de todas estas pessoas, exista uma intersecção tal entre divergentes interesses que se dê uma situação de potencial conflito. E o direito de exclusão surge então como modelo de resolução desse conflito em determinadas situações, quando exista fundamento legal ou contratual.

2.1. O direito de exclusão como modelo de resolução de um concreto conflito de interesses

Sendo a sociedade comercial constituída pelo conjunto dos sócios poderão haver casos em que os interesses destes colidam com a realização do interesse social[15]. Isto porque o interesse social só eventualmente

---

[15] No que diz respeito ao que seja este interesse social não há uma opinião consensual. Alguns autores identificam-no com o interesse comum dos sócios, tal como estabelecido no contrato de sociedade, ao passo que outros defendem que se tratará de um interesse próprio da sociedade, que é pessoa jurídica diferente e independente da pessoa dos sócios. COUTINHO DE ABREU, "Curso de Direito Comercial vol. II, Das Sociedades" 4.ª reimpressão da versão de 2002", págs. 286-303, fala em "vários interesses sociais", referindo normas em que se evidencia e sobressai o carácter contratualista do interesse social, revelando ao mesmo tempo outras disposições onde sobressai o carácter institucionalista. Parece-nos que no que diz respeito ao direito de exclusão se evidenciará um misto de interesse da sociedade com interesse dos sócios. A verdade é que serão indissociáveis: se pensarmos no interesse da sociedade teremos de ter presente que esse interesse não existe independentemente da vontade dos sócios, desde logo porque a sociedade nasce, indiscutivelmente, de um contrato. Mas se o seu interesse inicial começa por ser o interesse que fica consagrado no contrato, a verdade é que a sua vontade se vai formando ao longo do tempo e da sua vida, podendo mesmo alterar-se em relação ao contrato, seja por alterações expressas a este, seja por deliberações – que não são mais do que formas de exteriorizar a vontade da sociedade (e não dos sócios) – pelo que não subsiste o interesse dos sócios senão nos casos imperativos (relembrem-se os direitos que fazem parte irrenunciável de uma participação social e ao mesmo tempo da própria natureza de uma sociedade, como o direito ao lucro). Ora, se assim é, pode dizer-se que o interesse social se vai formando ao longo da vida da sociedade, mas como que se autonomiza do contrato de onde surge, salvo, como dito, os elementos essenciais que têm de estar previstos no contrato – referimo-nos aos elementos caracterizadores da sociedade comercial, ou seja, os elementos do art. 980.º CC e as notas características da comercialidade do art. 1.º CSC. Para uma visão geral acerca do interesse social ver ainda, PEDRO PAIS DE VASCONCELOS, "A participação social nas sociedades comerciais", Almedina, 2006, 2.ª edição, pág. 315 e ss.

corresponderá ao interesse concreto de cada um dos sócios individualmente considerados. Claro que o objectivo geral será comum, a realização de mais-valias, obtenção de lucro e sua distribuição pelos sócios – porém, mesmo este interesse tende hoje a ficar para segundo plano, veja-se a possibilidade de não distribuir lucros de exercício, destinando-os a reservas e eventual incorporação no capital social. Hoje poderá dizer-se que a sociedade tem um interesse social próprio e concreto, ainda que complexo e convergente com o interesse daqueles que circulam na sua órbita (não só os sócios mas também os trabalhadores, bem como todos os demais sujeitos subsumíveis à noção mais genérica de *stakeholders*).

Daí que seja possível configurar, sem grande dificuldade de imaginação, casos em que os sócios têm interesses diferentes daquele que se pode dizer ser o interesse social – seja este o interesse da sociedade, seja mesmo o interesse dos sócios no momento da celebração do contrato (um sócio pode ter a intenção inicial de fazer crescer a sociedade para retirar os lucros no longo prazo, mas pode depois, alterando aquela intenção, pretender desinvestir, realizando no curto prazo o valor das suas participações sociais).

Daí que em face de um conflito de que resulta um choque entre o interesse social e o interesse particular de um sócio o legislador faça surgir, dentro de determinados casos e circunstâncias, um direito de exclusão na esfera jurídica da sociedade, direito de que ela *pode* deitar mão (inclusive *ex ante*) para proceder à resolução desse conflito, porque na ponderação entre os valores em confronto se opta pela tutela da pessoa social. Estamos aqui a pressupor uma actuação, situação ou comportamento, reiterado ou pontual do sócio que vai contra (ou impede a prossecução d)o interesse social, frustrando em maior ou menor medida o objectivo para o qual tinha sido criada a sociedade em causa.

Claro que a posição do sócio também não deve de todo ser desconsiderada, havendo que verificar quais os casos em que um seu comportamento ou situação são de tal modo graves ou perturbadores do normal funcionamento da sociedade ou da prossecução do seu objecto que podem implicar o seu afastamento. Atentas as graves consequências que o exercício do direito de exclusão implicam na esfera jurídica do sócio (relembre-se que por esta via se impede a realização de um direito consagrado constitucionalmente, restringindo-se a livre iniciativa económica) há que interpretar o instituto de acordo com os interesses que lhe estão subjacentes, permitindo que se compatibilizem as posições e os interesses das partes que surgem em confronto. Por isso deve permitir-se a exclusão apenas como instrumento de *ultima ratio* para dirimir um conflito inultrapassável de que resultam perdas económicas e deficiente exploração e aproveitamento dos recursos, ao mesmo tempo que esse mesmo direito não deverá ser reconhecido quando tal comporte uma total e injustificada desconsideração da posição jurídica do sócio (ou porque o seu comportamento não é grave, ou porque ele não podia prever que a exclusão seria consequência para a sua conduta, ou ainda porque tal resultado se revele desproporcional ao seu comportamento ou não tenha causado danos).

É neste equilíbrio entre interesses potencialmente conflituantes que se deve mover o direito de exclusão, pelo que teremos de determinar os casos em que ele seja mecanismo adequado para proceder à resolução do conflito de interesses[16] que está subjacente à sua criação.

2.2. Noção de direito de exclusão

O direito de exclusão surge como um direito potestativo[17] atribuído à sociedade de afastar um sócio que ponha em causa a prossecução do interesse/fim social por um facto derivado da sua conduta[18] ou da sua pessoa[19], sempre que para tal exista fundamento legal ou contratual.

---

[16] "A lei contempla os vários interesses em presença nas diversas situações de facto encaradas, e depois intervém – se julga ser caso disso – preferindo um deles com total sacrifício dos outros, ou traçando uma qualquer linha de conciliação entre todos. Resolve assim ou compõe, quando entende e como entende, os conflitos de interesses que a vida de contínuo suscita à consideração do Direito", MANUEL DE ANDRADE, "Sentido e valor da Jurisprudência", Coimbra, 1973, pág. 12.

[17] Seguimos aqui a noção de direito potestativo fornecida por CAPÊLO DE SOUSA, "Teoria geral do direito civil", volume I, Coimbra Editora, 2003, pág. 184, "O direito potestativo é o direito atribuído ou reconhecido pela ordem jurídica de, em princípio livremente, por um acto voluntário, só de *per si* ou integrado por uma decisão judicial produzir efeitos jurídicos inelutáveis na esfera jurídica do sujeito passivo."

[18] Alude-se aqui a um comportamento censurável do sócio que seja lesivo dos interesses sociais e que torne inexigível à sociedade que o mantenha como sócio – a eventual existência de justa causa (art. 240.º n.º 1 b)).

[19] Desde logo porque nas sociedades em nome colectivo, onde se estabelecem amplas causas de exclusão (186.º b) e c)) a lei permite ter em atenção a situação jurídica do sócio: interdição, inabilitação ou impossibilidade de prestar à sociedade os serviços a que ficou obrigado, casos em que não há um comportamento censurável mas onde ainda assim é inexigível à sociedade manter o sujeito como sócio. Nos restantes tipos sociais permite-se que seja o contrato a estabelecer causas de exclusão que se fundam na situação pessoal do sócio – veja-se o art. 241.º, "Um sócio pode ser excluído da sociedade nos casos (...) respeitantes à sua pessoa (...) fixados no contrato".

Por outras palavras, o legislador atribui à sociedade[20], directamente ou porque lhe permite que estabeleça nos seus estatutos, a possibilidade de, por um acto voluntário, só de *per si*[21] ou integrado por uma decisão judicial[22] produzir efeitos jurídicos inelutáveis[23] na esfera jurídica do sócio. Esses efeitos conduzem à saída do sócio da sociedade, *i.e.*, à sua exclusão.

---

[20] É um direito da sociedade na medida em que a sua execução tem de ser deliberada, quer se trate de exclusão fundada em causas convencionais ou em causas legais, quer se trate de exclusão judicial, caso em que o objecto da deliberação é a proposição da acção judicial (242.º n.º 2). Quanto à necessidade de deliberação veja-se o art. 246.º n.º 1 c).

[21] Nos casos em que a exclusão se efectua por deliberação social. Nesta situação teremos, partindo da distinção que tem lugar nos termos do art. 241.º CSC (SQ), os casos previstos na lei (exclusão legal) e os casos validamente previstos no contrato (exclusão convencional).

[22] Referimo-nos agora ao caso de exclusão judicial, previsto no art. 242.º CSC. Note-se no entanto que mesmo neste caso não é indispensável a deliberação social. Ela terá mesmo de existir em dois momentos, antes e depois da sentença judicial. O que sucede neste caso é que a deliberação não opera, por si só, a exclusão, necessitando sempre do apoio de uma decisão judicial transitada em julgado.

[23] Na medida em que o sócio nada pode fazer contra a exclusão, limitando-se a ver recair sobre si uma sujeição, ficando dependente da vontade da sociedade e da verificação dos requisitos e pressupostos de que depende o lícito exercício de tal direito.

II
COMPREENSÃO DA NATUREZA JURÍDICA DO DIREITO DE EXCLUSÃO E DO ACTUAL FENÓMENO DA TIPOLOGIA SOCIETÁRIA

Sumário: 1. A exclusão de sócio nas sociedades comerciais. Uma aproximação à figura jurídica. 1.1. A precedência (histórica) da Empresa em relação à Sociedade. 1.2. A exclusão de sócio como problema não autónomo. 2. O direito de exclusão de sócio à luz da eterna controvérsia entre institucionalismo e contratualismo. A adopção de uma «Teoria mista». 3. O direito de exclusão nas sociedades de pessoas e nas sociedades de capitais – manifestação de um *intuitus personae*. A miscigenização dos tipos societários. 3.1. Caracterização do direito de exclusão. 3.2. A compreensão do fenómeno actual da tipicidade societária à luz do *intuitus personae*.

1. A EXCLUSÃO DE SÓCIO NAS SOCIEDADES COMERCIAIS. UMA APROXIMAÇÃO À FIGURA JURÍDICA

1.1. A precedência (histórica) da Empresa em relação à Sociedade

A actividade económico-mercantil que o direito comercial visa regular é uma realidade que o precede, que é inerente à natureza humana e que ao longo dos tempos foi levada a cabo nos mais variados moldes. No início, é certo, de forma ainda muito incipiente e artesanal, acompanhando e partilhando as dificuldades inerentes à construção da *societas*, da criação das relações intersubjectivas e da vivência comunitária e pacífica, só ela potenciadora das virtudes humanas[24].

Actualmente, inebriada numa complexa teia relacional onde inclusive as mais das vezes se perde a noção de comunidade (que estivera na sua origem), tal actividade presta-se à afirmação de um maior egoísmo e individualismo, pela prossecução de interesses (de poucos) contra a satisfação de necessidades (de todos).

Essa passagem da antiguidade para a modernidade encontra um marco histórico fundamental na Revolução Industrial, a partir da qual se afirma inelutavelmente o papel de relevo da empresa[25] no desenvolvimento económico e social dos países onde ela teve lugar. Paulatinamente foram-se substituindo as oficinas artesanais e domésticas (manufacturas) pelas fábricas, pela racionalização do trabalho e pela introdução das máquinas no processo produtivo. Capitalismo[26] e empresarialidade são por isso contemporâneos.

Sucede que este novo modelo social e produtivo comportava exigências progressivas de crescimento em termos de investimento[27], fosse para

---

[24] Progressivamente vão-se afirmando as necessidades individuais, que encontram igualmente resposta adequada numa já diferente forma de prossecução da actividade económica – a satisfação das necessidades do grupo passa agora pela satisfação das necessidades de cada um dos membros individualmente considerados.

[25] "Distinguiram-se três acepções do vocábulo empresa, que correspondem a três perfis distintos do mesmo fenómeno: o perfil subjectivo, em que se revela a empresa como sequência de actos ou actividades de um sujeito, o perfil objectivo, que se reporta à empresa como instrumento ou estrutura produtiva do sujeito, objecto de direitos e de negociação, e o perfil institucional, em que a empresa surge sobretudo como sujeito no tráfico jurídico-económico (seja ou não sujeito em sentido jurídico) (...) os vocábulos estabelecimento e empresa são tomados como sinónimos, embora essa sinonímia seja reportada sobretudo ao perfil objectivo", CASSIANO DOS SANTOS, [numa clara alusão ao pensamento de ORLANDO DE CARVALHO], "Apontamentos de Direito Comercial aos alunos do 4.º ano", 2005/2006, e ainda em "Direito Comercial Português", vol. I, Coimbra Editora, 2007, págs. 33 e ss. e 283 e ss.

[26] A produção deixa de se destinar ao consumo próprio e à satisfação das necessidades para se centrar na obtenção de um lucro ou excedente, tentando-se obter um ganho que corresponda à valorização do que se investiu. Abdica-se de gastar em bens de consumo no presente, investindo-se na produção de bens ou serviços que proporcionem um valor superior àquele que foi inicialmente desviado do consumo. Apesar da linguagem tipicamente marxista pretendemos dar apenas uma ideia, *grosso modo*, do *animus* que preside às economias do nosso tempo, nas quais se inserem as empresas e as sociedades, nos moldes que veremos de seguida.

[27] É essa igualmente a razão apontada por vários autores para o surgimento da sociedade comercial, PUPO CORREIA, "Direito Comercial", 8.ª edição revista e actualizada,

fazer face ao aumento dos custos, fosse para dar satisfação às demandas da procura, fosse ainda para lutar contra a concorrência, que se multiplicou devido à atractividade do sector em causa. Estavam assim reunidos todos os requisitos para que o génio humano inventasse formas de captação de investimento para posterior utilização empresarial, o que aconteceu com o recurso ao crédito e com a criação das sociedades comerciais[28]. Deixa de fazer sentido – ou pelo menos passa a ser muito difícil – a prossecução *individual* de uma actividade económica (a exploração de uma empresa), pois um só agente não consegue, normalmente, reunir os capitais necessários à sua subsistência em face da concorrência. A sociedade revelou-se assim um meio de reunir vários sujeitos com determinada capacidade financeira e vontade para investimento, de forma a levar a cabo a exploração de uma empresa ou estabelecimento, com a finalidade de repartir os ganhos e de certa forma limitar os riscos da exploração (o que acontece sobretudo na sociedade anónima, onde o regime da responsabilidade dos sócios é bastante restritivo, limitando-se ao valor entregue na subscrição das acções).

Daqui se retira que a sociedade não é um fim em si, antes constitui um meio para a realização de um desejo capitalista de obtenção de um lucro pela exploração de uma actividade mercantil.

É neste âmbito que tem sentido afirmar-se, com ORLANDO DE CARVALHO[29], que o direito comercial é um direito *«das empresas ou à volta das empresas»*, pois na verdade "a empresa, ou, mais exactamente, a actividade mercantil empresarialmente exercida, não sendo o critério positivo para delimitar o direito especial, é portanto o critério real subjacente ao sistema, que pontualmente aflora sem ser assumido autonomamente, mas, no plano prospectivo, é o critério que deve valer na compreensão do sistema legalmente eleito. Mas a explicação do regime especial não está, assim, apenas na empresa, mas na empresa que é exercida com a adjunção de certas notas típicas das zonas preferenciais da actividade

---

Ediforum, Lisboa, 2003, pág. 431, PEREIRA DE ALMEIDA, "Sociedades Comerciais", 3.ª edição, Coimbra Editora, 2003, pág. 34 (relacionando a necessidade de grandes concentrações de capitais e a limitação da responsabilidade).

[28] Merece uma referência especial a sociedade *anónima*, que permite uma forma autónoma de financiamento, sobretudo em relação ao tradicional empréstimo, sociedade esta que foi ganhando o seu espaço à medida que ia crescendo e se ia afirmando o sector financeiro, sobretudo no que diz respeito ao mercado onde se transaccionam as acções representativas do respectivo capital social.

[29] "Critério e estrutura do estabelecimento comercial", Atlântida, Coimbra, 1967.

económica (zonas mercantis), apresentando a empresa específicas dimensões – e essa especificidade não se limita, então, ao exercício de certas actividades"[30].

E é a esta luz que deve (começar por) ser entendido o direito de exclusão de sócio, tendo presente a relação de complementaridade que (historicamente) se estabelece entre sociedade e empresa. Mais uma vez, seguindo os ensinamentos de CASSIANO DOS SANTOS, *"a sociedade não se confunde com a empresa – a qual, no plano lógico, surge na sociedade depois dela, ainda que possa pré-existir –, correspondendo ao momento subjectivo do exercício, e não propriamente da empresa"*[31].

1.2. A exclusão de sócio como problema não autónomo

O problema da exclusão de sócio nas sociedades comerciais não deve esquecer a génese do surgimento daquelas, nem tão-pouco os seus ulteriores desenvolvimentos, sendo que a sua natureza se há-de encontrar na dialéctica e no equilíbrio que se revele na actual (e moderna) configuração e natureza jurídica da sociedade comercial. O direito de exclusão surge como um direito que assume uma determinada função, existindo apenas na medida dessa função e não se conseguindo desligar ou separar da sociedade comercial em cuja esfera jurídica ele subsiste. Daí que não seja um problema que se possa individualizar e autonomizar da sua titularidade subjectiva e do concreto conflito a que visa dar resposta. Tudo para dizer que a sua natureza jurídica haverá de se encontrar de harmonia com a natureza jurídica da sociedade (o titular do direito de exclusão) e do interesse social (o objecto de tutela).

Mas, convém ter desde já presente uma necessária "apresentação" do instituto em causa: independentemente da problemática da sua natureza jurídica e da sua titularidade subjectiva, trata-se (em termos gerais) da possibilidade de excluir ou retirar um sócio de uma sociedade, dependente ou não de uma determinada (justa) causa, em virtude de ocorrência de um facto (*maxime*, um comportamento) culposo ou independente de culpa, que por qualquer razão torne impossível (ou inexigível suportar) a

---

[30] CASSIANO DOS SANTOS, "Apontamentos de Direito Comercial aos alunos do 4.º ano", 2005/2006.

[31] CASSIANO DOS SANTOS, "Apontamentos ...", COUTINHO DE ABREU, "Curso de Direito Comercial – das Sociedades", vol. II, pág. 23.

permanência desse sócio na sociedade. Haverá igualmente casos em que a exclusão já não dependerá de nenhum comportamento do sócio a excluir, antes decorrerá da sua situação jurídica[32].

Feita esta necessária aproximação inicial, resta determinar os casos em que a exclusão pode ocorrer e os requisitos a que tal facto terá de obedecer, não deixando de parte a questão procedimental do exercício desse direito, bem como a sua titularidade e natureza jurídica. Tudo isto partindo de uma análise legal mas tentando, sempre que possível, desvendar os interesses subjacentes à existência da figura jurídica da exclusão, problematizando a eventual aplicação da mesma fora dos casos legalmente previstos.

2. O DIREITO DE EXCLUSÃO DE SÓCIO À LUZ DA ETERNA CONTROVÉRSIA ENTRE INSTITUCIONALISMO E CONTRATUALISMO. A NATUREZA JURÍDICA DO DIREITO DE EXCLUSÃO

A problemática da exclusão de sócio deve ser precedida, como pensamos, da problemática da existência e essência da sociedade, *maxime*, da sociedade comercial. Só na medida em que se compreenda a sua natureza jurídica será possível determinar a natureza jurídica de um instituto que lhe é próprio e funcional. O direito de exclusão de sócio não tem existência autónoma, não apresentando relevo fora de uma sociedade, pelo que a sua concepção jurídica depende da forma como é concebida a entidade societária.

Na verdade, o direito de exclusão de sócio surge como um modelo de resolução de conflitos de interesses. Delimitar quais sejam esses interesses ajuda-nos não só a compreender o seu regime legal como também nos permite determinar o expediente jurídico a usar para proceder à exclusão. Poderemos tipificar em abstracto, por um lado, um conflito entre o interesse social – interesse que fundamentará o direito de excluir um sócio que por qualquer causa obste à sua prossecução – e, por outro, o interesse do sócio – em manter-se na sociedade. Mas como entender o *interesse social*? Interesse da sociedade enquanto pessoa jurídica? Interesse comum dos sócios, estabelecido no contrato?

---

[32] É o que sucede, desde logo, nos termos do art. 186.º n.º 1 b) CSC.

As questões formuladas levam-nos à eterna controvérsia entre a natureza institucional – ou a existência da sociedade como instituição/ /entidade – e a natureza contratual da sociedade – a existência desta enquanto contrato –, distinção que usualmente se encontra na doutrina sob a forma de sociedade-instituição *vs.* sociedade-contrato[33].

Se é verdade e inquestionável que a sociedade nasce de um contrato[34], sem o qual ela não existiria, é igualmente certo que depois de registado o mesmo aquela entidade adquire personalidade jurídica, tornando-se dessa forma uma entidade autónoma e distinta de todas e de cada uma das pessoas dos sócios, uma entidade, pode dizer-se, supra-individual. Através da personificação a sociedade transforma-se numa pessoa jurídica colectiva, interpondo-se entre os sujeitos que a criaram e a actividade que estes se propõem exercer, sem nunca se reconduzir ou confundir com alguma das pessoas em concreto. A sociedade afirma-se como "...uma nova estrutura, supra-individual e relativamente independente dos sócios, que vai actuar ela própria; os sócios participam no plano da estrutura, não no da actividade; toda a actividade é imputada à estrutura criada; a *affectio societatis*, enquanto requisito ou característica da sociedade, deve assim ser entendida como um intuito comum dos sócios no sentido de constituírem uma estrutura colectiva que vai exercer e à qual vão ser imputadas as actividades que caibam naquelas que eles identificam no acto constitutivo, em determinados moldes (os que caracterizam a sociedade)..."[35].

Porém, a vertente contratual é fundamental[36]. A sociedade surge no nosso direito regulada como um contrato, no art. 980.º CC, evidenciando-

---

[33] V. G. Lobo Xavier, "Sociedades comerciais", Lições aos alunos de Direito Comercial do 4.º ano jurídico, Coimbra, 1987, pág. 4 e nota.

[34] Estamos a referir-nos, bem se entenda, aos casos em que a sociedade tem origem contratual e já não aos casos em que esta resulte de lei ou de negócio jurídico unilateral.

[35] Cassiano dos Santos, "Apontamentos de Direito Comercial aos alunos do 4.º ano", 2005/2006

[36] Sendo fundamental não é, porém, decisiva. A via contratual não é a única forma de constituição de uma sociedade, que pode igualmente surgir por via legislativa ou por declaração unilateral. Falamos, neste caso, das sociedades unipessoais por quotas, em que a unipessoalidade é originária. Acompanhando de novo os ensinamentos de Cassiano dos Santos, "...a sociedade tem histórica e comummente origem num contrato, supondo portanto dois ou mais contraentes – é aliás para essa hipótese que o regime do CSC está disposto. No entanto, hoje tende a alargar-se o mecanismo societário (estrutura associativa autónoma) a outros tipos de interesses que não os que são contratualizados – admitem- -se na lei, assim, as sociedades unipessoais (sempre sociedades por quotas)..."

-se desta forma a importância quer do elemento voluntarístico que preside à sua criação, quer do elemento personalístico que subjaz à existência de qualquer sociedade. De facto, *todas* as sociedades terão um *intuitus personae*, pelo menos no sentido de que todas corresponderão a uma "estrutura subjectiva de tipo *associativo*[37]", que primacialmente corresponde à reunião ou associação de vários sujeitos e ao desejo comum de exercício de uma determinada actividade. Todas as sociedades terão necessariamente um substrato pessoal que se corporiza na realização de um contrato enquanto acordo de vontades entre duas ou mais pessoas. Daí que inicialmente o elemento que mais releva seja, de facto, o elemento contratual[38], a vontade de vários sujeitos em constituir uma sociedade para a realização de uma actividade que visa a obtenção de lucros e a sua repartição pelas pessoas dos sócios. A própria sociedade será assim um meio de que eles se servem para a prossecução de um fim individual, sendo o contrato o meio jurídico de que dispõem para vincular e concretizar a vontade de todos num determinado momento. O contrato será assim fundamental, sendo não só o elemento que faz surgir a sociedade como também o expediente que concretiza o que as partes realmente pretendem, ou seja, a vinculação dos contraentes à prossecução e exploração de uma actividade económica (empresa) que permita, ainda que em termos eventuais, a obtenção de lucros e a sua repartição por todos, na proporção do investimento inicial que cada um se dispõe a realizar.

No entanto, não podemos menosprezar a vertente institucional ou de entidade. A sociedade tem a característica própria de, surgindo de um acto voluntário de *terceiros*, se autonomizar em relação à vontade destes,

---

[37] Com a excepção das sociedades unipessoais. Este pode ser um argumento contra a teoria contratualista da exclusão de sócios mas a verdade é que esse problema não se coloca nas sociedades unipessoais, por razões óbvias. No entanto, não deixa de demonstrar um certo condicionamento à teoria contratualista como teoria explicativa da natureza jurídica da sociedade, cuja forma de constituição nem sempre é um contrato. Porém, há quem defenda um direito de exclusão de sócio mesmo no caso de sociedades unipessoais, nomeadamente RENATO VENTURA RIBEIRO, "A exclusão de sócios nas sociedades anônimas" – São Paulo: Quartier Latin, 2005 págs. 208-211.

[38] Na verdade "O negócio jurídico é pela lei qualificado de *contrato* (art. 980.º do C. Civil; Capitulo III) e é o acto gerador da *relação jurídica* societária, ou seja, do nexo constituído por direitos e obrigações entre os sócios, e também da *sociedade-instituição*, ou seja, da organização de elementos humanos, materiais e jurídicos dirigida à prossecução da actividade social...", PUPO CORREIA "Direito Comercial", ob. cit, pág. 475.

possuindo quer vontade quer meios de actuação próprios[39]. Adquire personalidade jurídica de tal forma que surge como pessoa distinta das pessoas dos sócios[40], respondendo pelos seus próprios actos e pelas suas dívidas. E arriscamos mesmo dizer que a faceta institucional ou de entidade será a que mais releva quando nos estivermos a referir às sociedades de capitais, na medida em que a interposição de uma pessoa jurídica entre as pessoas humanas dos sócios e a actividade que se propõem exercer (*leia-se*, os credores) é a forma pela qual se limita a responsabilidade patrimonial dos sócios, individualmente considerados. Não devemos esquecer que uma das vantagens da constituição de uma sociedade, sobretudo se estivermos a falar de SQ ou de SA, é a limitação da responsabilidade patrimonial pelo risco inerente à exploração da actividade. E a verdade é que este entendimento só é possível se admitirmos que a sociedade é mais do que um mero contrato, se admitirmos que depois do contrato esta se afirma como entidade supra-individual, como pessoa jurídica relativamente autónoma, dotada de capacidade própria e detentora de um património individual, responsável desde logo pelas suas próprias dívidas.

Por outro lado, poderíamos contrapor dizendo que o elemento contratual revela alguma predominância na medida em que reflecte o interesse dos sócios em levar a cabo a exploração conjunta de determinada actividade, interesse esse que deve ser respeitado pela sociedade. O interesse social não será nem o interesse próprio da sociedade nem o interesse individual de cada sócio, mas o interesse comum destes[41], consagrado no

---

[39] Tal como uma pessoa humana adquire a personalidade com o nascimento completo e com vida, a pessoa jurídica que é a sociedade adquire personalidade com o registo. Em ambos os casos o factor determinante do surgimento de uma pessoa é o facto de se tratar de um facto cognoscível, isto é, susceptível de ser conhecido pelos interessados.

[40] Que inicialmente, para o tipo sociedade anónima, nem sequer tinham de ser conhecidos, levando-se ao extremo a ideia de que a sociedade é uma entidade dotada de personalidade e dando pleno sentido à designação que a mesma entre nós recebeu.

[41] "...há que reconhecer que o interesse social tem que se mover na esfera de interesses especificamente confiados à organização por cada um dos sócios e tornados sociais pela via de uma intersecção realizada no contrato, ou, na sua indeterminação, pela via da actuação dos órgãos de mediação da própria sociedade, enquanto *forum* em que se exprime a perspectiva de cada um dos seus membros quanto à concretização das *balizas contratualmente estabelecidas*", (sublinhado nosso), de acordo com o pensamento de CASSIANO DOS SANTOS, que reproduzimos pelo facto de estar reflectido apenas em apontamentos facultados aos alunos do 4.º ano jurídico, 2005/2006, não publicados.

contrato. Sendo a sociedade um mero meio de realização do interesse social[42] esta deverá actuar em conformidade com esse designado interesse. Retirando-se esse interesse do que fica estabelecido no contrato de sociedade diríamos que a entidade-sociedade ficará, afinal, limitada pelo contrato.

Da opção que façamos em sede de determinação da natureza jurídica da sociedade dependerá, afinal, a opção que teremos de seguir no que diz respeito à natureza e configuração do direito de exclusão de sócio nas sociedades comerciais. Entendendo a sociedade primacialmente como *entidade*, concluiremos pela necessidade de exclusão de sócio com a finalidade de tutelar a subsistência daquela, quer se tenha como subjacente o interesse público – o interesse económico geral de conservação da empresa[43] – quer se dê primazia ao interesse privado, (ainda que reconduzível àquele interesse público). A dificuldade desta teoria reside porém na (in)exequibilidade prática, porque o procedimento de exclusão terá de ser conforme a essa tutela da empresa enquanto tal[44], não podendo ser reconduzível a uma justificação contratual, sob pena de partirmos de um determinado pressuposto (sociedade-entidade) e chegarmos a uma conclusão que colide[45] com ele (a sociedade-contrato) – o que acontecerá se admitirmos que o instituto da exclusão de sócio se

---

[42] Há quem defenda que o interesse social não deve corresponder ao interesse egoístico dos sócios, a aspiração capitalista ao lucro, devendo antes ser considerado como um interesse superior ou transcendente, identificável com o interesse da empresa em si, PEREIRA DE ALMEIDA, "Sociedades Comerciais", pág. 51, onde o autor perfilha a concepção de RATHENEU, acabando por concluir que "O interesse social corresponde, pois, ao interesse da empresa como entidade colectiva que constitui o substrato da sociedade comercial...". Contra esta conclusão parece poder dizer-se que nem sempre sociedade e empresa andam lado a lado, podendo existir uma sem a outra, pelo que nos casos em que há sociedade e não há (ou não há ainda) empresa poderíamos ser levados a pensar que não existiria interesse social. Sobre este ponto veja-se a exposição de COUTINHO DE ABREU, "Curso...", vol. II, pág. 22-24.

[43] AVELÃS NUNES, "O direito de exclusão...", pág. 25 e MENEZES LEITÃO, "Pressupostos da exclusão...", pág. 27.

[44] Por exemplo, defendendo-se um poder disciplinar ou sancionatório do ente societário.

[45] Para essa mesma possível colisão chama a atenção MENEZES LEITÃO, "Pressupostos da exclusão...", pág. 17, nota 4.

efectivará mediante *resolução*[46] *parcial do contrato* em relação ao sócio em causa.

Parece desejável que, na impossibilidade de sobrevalorização dos argumentos próprios de uma teoria sobre os argumentos que são aduzidos pelos defensores da outra, se parta de uma concepção que possa conciliar as duas vertentes, que tenha em conta as suas vantagens e os seus contributos, abandonando-se uma perspectiva preconceituosa de total inconciliação ou mesmo de oposição entre as duas doutrinas[47]. Na verdade, se ambas são susceptíveis de caracterizar a natureza da sociedade, de tal forma que é impossível escolher uma e rejeitar por completo a outra, devemos proceder a uma conciliação que permita a melhor apreensão e compreensão do fenómeno societário e, por sua via, do fenómeno da exclusão de sócio, que como vimos lhe é funcional[48].

---

[46] Resolução esta que não é, porém, solução consensual quanto à forma pela qual se exercita o direito de exclusão. Apesar de serem conhecidas as dificuldades de sustentação de um poder sancionatório a favor da sociedade ou de um interesse público na sua continuidade, como operativos para a exclusão, o expediente da resolução do contrato não está igualmente isento de críticas. Se bem compreendemos o pensamento de CAROLINA CUNHA, "A exclusão de sócios (em particular nas sociedades por quotas), *in* "Problemas de Direito das Sociedades", IDET, Almedina, pág. 217-218, a resolução permitirá ao sócio a saída da sociedade, mas não justificará que outro o faça sair. Sucede que nos contratos bilaterais sinalagmáticos o facto de um dos sujeitos proceder à resolução, fazendo extinguir o contrato, implica reflexamente a desobrigação do outro, que não pode continuar vinculado. Situação diferente do que sucede no caso de exclusão: aqui é um sujeito que pretende operar a desvinculação alheia, mantendo o contrato e mantendo vinculados os demais sujeitos. E pelo que se afirma *"(...) a estabelecer um paralelo no campo do direito das sociedades, o simétrico do direito de resolução deveria ser, isso sim, o direito de exoneração conferido a um sócio, e nunca o direito de exclusão de um sócio"*.

[47] Parece ser essa a tendência actual da doutrina, a de encontrar uma teoria «mista» sobre a natureza da sociedade, COUTINHO DE ABREU, "Curso...", vol. II, pág. 3-4, nota 5. Parecendo chegar à mesma conclusão, partindo da adopção da teoria contratualista, defende PUPO CORREIA que, *"Alinhando com a corrente de pensamento que acabamos de expor, afigura-se-nos que ela deve receber um influxo elucidativo da teoria da instituição, que em nada briga com o cerne do contratualismo..."*, "Direito Comercial", ob cit, págs. 482 e 483. Da mesma forma não podemos deixar de citar SOVERAL MARTINS, "Cláusulas do contrato de sociedade que limitam a transmissibilidade das acções", Almedina, 2006, pág. 413, quando diz que *"A sociedade não é apenas um contrato, é também uma entidade"*, bem como AVELÃS NUNES, "O direito de exclusão...", ob. cit., pág. 51, *"A sociedade não é só um contrato, é uma personalidade jurídica e uma organização económica..."*.

[48] Compreensão que vai igualmente de encontro ao que defende COUTINHO DE ABREU, "Curso...", ob. cit., pág. 289, onde renuncia a uma noção unitária de interesse

Rejeita-se assim que a figura jurídica da exclusão de sócio seja reconduzível a apenas uma daquelas duas teorias, compreendidas de forma estanque e incomunicável, antes devendo ser compreendida e interpretada à luz das influências que delas possa eventualmente receber.

A conclusão que retiramos da opção por esta via é a de que a natureza jurídica daquela figura não tem de se limitar às conclusões compatíveis com uma de duas vertentes, o que poderia causar as dificuldades postas em evidência por MENEZES LEITÃO[49] e às divergências existentes na nossa doutrina no que diz respeito à determinação da natureza jurídica do fenómeno da exclusão e da sua incompatibilidade com a adoptada natureza jurídica da sociedade[50].

---

social, referindo que "(...) *o contratualismo é o quadro de referência válido para o comportamento (deliberativo, sobretudo) dos sócios; certo institucionalismo é o quadro de referência válido para a actuação de outros órgãos sociais, especialmente do órgão de administração e representação*".

[49] MENEZES LEITÃO, "Pressupostos da exclusão de sócio nas Sociedades Comerciais", págs. 16 a 35.

[50] E essa conclusão não é incoerente com o propósito que deve começar por nos orientar. Como referimos, devemos atender aos *interesses* que estão subjacentes à existência do direito de exclusão, independentemente da teoria (ou natureza) jurídica a que ele seja reconduzido. No entanto, não devemos confundir *interesses*, enquanto as razões que fundamentam a necessidade de existência de um determinado direito, com a sua *natureza jurídica*, ou seja, com a formulação sob a qual se dá o surgimento da figura no panorama legislativo (*maxime*, se é um direito da sociedade ou dos sócios) apesar de os dois se implicarem mutuamente: na verdade teremos de determinar que interesses esse direito procura tutelar e proteger para compreender a sua natureza jurídica, de forma a fazer um adequado uso do mesmo (na resolução do conflito que ele é chamado a dirimir) e eventualmente para o aplicar fora das situações tipicamente previstas na lei. Partilhamos assim da preocupação revelada por CAROLINA CUNHA, "Problemas de Direito das Sociedades", IDET, Almedina, AAVV, pág. 215, se bem que discordemos dos termos e conclusões apresentados. Parece-nos que a compreensão do regime legal apenas pode ser conseguida se pré-compreendermos os interesses e as necessidades às quais pretende dar resposta (a regulamentação em causa), de tal forma que são esses interesses que vão modelar a forma como as questões são previstas legalmente. A natureza jurídica, essa sim, é um *posterius*, é algo que se obtém depois de analisado o regime vigente, como resultado da consideração que o legislador teve em conta na análise da figura em causa e dos interesses a que deu primazia. Mas partir do regime legal para a compreensão geral do instituto da exclusão periga por não atender às necessidades da vida concreta, por levar em linha de consideração apenas o *jus* cristalizado num determinado momento, esquecendo que o direito comercial é *vítima* de um natural desfasamento (temporal) em relação à realidade, fruto do génio inventivo dos agentes económicos que vão criando, nas relações que estabelecem entre si, mecanismos que respondem às suas necessidades do dia-a-dia, mas que normalmente apenas encontram

O direito de exclusão de sócio, tendo natureza derivada em relação à sociedade comercial, partilhará da sua natureza jurídica, ou o mesmo será dizer, terá uma vertente que consiste num misto de contratualismo com um misto de institucionalismo, restando precisar os exactos termos em que se concretiza, na prática, essa natureza. Porém, na caracterização da figura não deixarão de relevar preferencialmente, em certos aspectos, o facto de a sociedade derivar de um contrato, como em outros o facto daquela se constituir como um ente supra-individual, dotado de personalidade jurídica e diferente das pessoas dos sócios[51].

Vejamos porém como se passarão as coisas no âmbito da dicotomia entre institucionalismo e contratualismo[52], ou o mesmo será dizer, entre a teoria da *disciplina taxativa legal* e a formulação *contratualista* do direito de exclusão[53].

---

lugar no espaço normativo num momento posterior, muitas vezes pelo relevo que tais mecanismos adquirem na vida dos negócios. Daí que mais relevante do que interpretar a normatividade existente seja compreender a sua *raison d´etre*, os interesses e os fundamentos das figuras (jurídicas ou pré-jurídicas). "Procura-se determinar os interesses postulados pelo exercício empresarial, correspondentes a necessidades sentidas no quadro da empresa, e que vêm a caracterizar o regime do direito comercial, em termos de serem as marcas deste relativamente ao direito civil; esses interesses reflectem-se na regulamentação ao longo da história do direito comercial, mas de forma não estática, pois que em cada fase novos interesses se vão revelando, e apresentam-se como verdadeiras características centrais do direito", in CASSIANO DOS SANTOS, "Apontamentos...".

[51] Para clarificar teremos de admitir que existirá predominância do elemento contratual no que diz respeito ao expediente pelo qual opera a exclusão (se defendermos a resolução parcial do contrato), mas já haverá predominância do elemento institucional no que diz respeito à titularidade e exercício do direito em causa: este pertence à sociedade e não aos outros sócios (mesmo que a sociedade seja constituída apenas por dois sócios, CAROLINA CUNHA, "A exclusão de sócios..." págs. 203-207) – como justificar no estrito campo do contratualismo que a "acção de exclusão deve ser deliberada" (art. 242.º n.º 2) se a predominância é conferida aos contraentes?

[52] É de referir que um terceiro caminho se nos depara (se bem que seja mais um beco sem saída), o de configurar o direito de exclusão como expressão do poder corporativo disciplinar, como "...manifestação da soberania que todo o ente associativo exerce sobre os seus membros", MENEZES LEITÃO, "Pressupostos...", págs. 20-23, caminho que actualmente ninguém defende e que tem sido alvo das mais variadas críticas, precisamente por não existir na sociedade esse elemento de soberania; quando muito existirá um elemento organizacional que impõe determinados poderes, mas no qual não se enquadra o da exclusão de sócio. Ver ainda AVELÃS NUNES, "O direito de exclusão...", págs. 23 e 24.

[53] De parte colocamos aquela que terá sido a primeira teoria explicativa da natureza jurídica do direito de exclusão, a *teoria do poder corporativo disciplinar*, na medida em

Concretizando o que até agora não passa de mero enquadramento teórico, podemos dizer que a aludida divergência entre a tese institucionalista e a tese contratualista, quando aplicada estritamente ao direito de exclusão de sócio, coloca em evidência a cisão entre o entendimento desse direito como forma de tutela da empresa/ /sociedade, por um lado, ou como forma de protecção das exigências do contrato e das declarações de vontade nele contidas, por outro. De acordo com a primeira forma de pensar, o direito de exclusão funda-se na necessidade de proteger o ente societário, que é necessariamente diferente das pessoas dos sócios, conferindo-lhe a possibilidade de excluir um elemento que perturba a sua evolução e desenvolvimento – alguns autores invocam, neste campo, a «necessidade económica geral de conservação da empresa», a defesa desta contra a pessoa dos sócios, a preservação do seu valor intrínseco

---

que os críticos superam actualmente os seus defensores: esta teoria pressupõe a existência de um poder disciplinar na titularidade da sociedade, o que por sua vez implica que os sócios a ele estejam sujeitos, como sucederá, por exemplo, numa qualquer relação laboral da administração pública ou nas relações privadas: como refere JORGE LEITE, "Direito do trabalho", vol. II, Serviços de acção social da UC, 2004, pág. 103, o poder disciplinar traduz-se "...*na faculdade do empregador de sancionar faltas laborais dos trabalhadores ao seu serviço.*", "*Importa sublinhar que o referido poder não é passível de ser reconduzido, tal como hoje vem regulado, à ideia de responsabilidade contratual (...). Além disso, a sanção tem mais a ver com a ideia de castigo do que com a ideia de ressarcimento*". Ora, o poder disciplinar existe quando se verifica uma concreta relação hierárquica de subordinação, relação esta que de modo algum qualifica aquela que se vem a estabelecer entre *sociedade* e *sócio*, que se situam estruturalmente ao mesmo nível (pode ser diferente no caso de o sócio ser igualmente administrador ou funcionário da sociedade, caso em que de qualquer das formas o poder disciplinar que sobre ele recaia não tem como fundamento a sua posição de sócio). Mas ainda que fosse de considerar que tal poder disciplinar existe de facto, nas sociedades comerciais sobre os respectivos sócios, esta teoria pecaria ainda pela consideração do exercício de tal poder como a aplicação de uma sanção. É que há casos em que se admite a exclusão independentemente de culpa, pelo que esta não funciona como verdadeira sanção, mas antes como remédio para determinada situação insustentável (por exemplo, no caso de o sócio se tornar incapaz). Por fim esta teoria peca pelo facto de deixar na livre disponibilidade da sociedade a determinação dos factos susceptíveis de serem sancionados, sem qualquer possibilidade de controlo jurisdicional externo do mérito da exclusão, tudo elementos postos em evidência por MARCELO MENDONÇA DE CARVALHO, "*A exclusão de sócios na sociedade anónima*", Dissertação de mestrado apresentada no Curso de Mestrado em Direito da Universidade Católica Portuguesa, na área de especialização das ciências jurídico-comerciais, do ano lectivo 2001-2002, (texto não publicado, gentilmente cedido pelo Autor), págs. 18 a 26.

(ou o seu *goodwill*) – ao passo que os defensores da teoria contratualista defendem que a origem da sociedade se encontra, as mais das vezes, num contrato, que integra verdadeiramente o interesse social e que a sociedade é mero expediente para a sua realização, rematando como último argumento que a exclusão do sócio terá de se efectuar por resolução parcial do contrato e não por reconhecimento da concretização de um interesse público na tutela das empresas, que implicaria a aceitação de normas imperativas de carácter "penal, restritivo e excepcional"[54].

Apesar de AVELÃS NUNES[55] ser apontado como defensor da primeira teoria, à qual se opõe MENEZES LEITÃO[56], parece-nos uma conclusão um pouco precipitada. MENEZES LEITÃO lança várias vezes a crítica de que AVELÃS NUNES parte de pressupostos que se prendem com o princípio conservativo da empresa, para depois concluir que a exclusão apenas se poderá concretizar por resolução parcial do contrato, situação que no entender do professor de Lisboa é "altamente prejudicial à elaboração científica devendo ser, por isso, combatida". Não nos parece que essa seja uma crítica justa, desde logo porque o entendimento de AVELÃS NUNES parte de um equilíbrio entre as duas teorias, temperando a vertente institucional com a consideração contratual[57], tanto afirmando o princípio da necessidade de tutela da empresa como defendendo a relação contratual subjacente, explícita na passagem que se reproduz: "...*o direito de exclusão é consequência necessária da própria estrutura da sociedade como contrato de fim comum, como organização económica que se quer estável, no interesse geral e no interesse dos próprios sócios*". Porventura, talvez o que se pretende rebater com a crítica à tese institucionalista seja mais a sua relacionação com 1) o interesse público e com 2) a exequibilidade prática na procura de um expediente satisfatório para justificar a exclusão nesses moldes – do que os seus fundamentos teóricos (ninguém olvidará que deve ser concedida protecção e tutela à sociedade enquanto forma de

---

[54] MENEZES LEITÃO, "Pressupostos...", pág. 16.
[55] AVELÃS NUNES, "O direito de exclusão...", págs. 47-56.
[56] MENEZES LEITÃO, "Pressupostos...", págs. 31-35.
[57] Veja-se, a respeito do que se diz, com a mesma opinião, COUTINHO DE ABREU, "Curso...", pág. 429, nota 469.

exploração de uma actividade económica[58]). A tese de que a sociedade tem, entre nós, personalidade jurídica, não pode pois ser desconsiderada nem podem ser afastadas as normas em que essa personalidade é subentendida na construção do seu regime; o que já pode ser criticável é o facto de daí se retirar um *interesse público* na sua protecção e tutela (quando sabemos que as mais das vezes estas surgem por iniciativa privada, para satisfazer interesses capitalistas e egoísticos, – veja-se, a este propósito, a teoria do *Shareholder value*[59]) ou utilizá-la para fundamentar um qualquer poder de índole sancionatório que lhe seja inerente.

No entanto, a consideração da sociedade como um ente personalizado não implica tão-só a sua protecção mediante consideração desse referido interesse público, que, diga-se, tem sido invocado como base para a defesa da teoria da disciplina taxativa legal, em que o legislador estabelece a exclusão em ordem à salvaguarda de tal interesse. O legislador surgiria desse modo como defensor do interesse público na conservação das empresas, estabelecendo ele próprio casos em que se justificaria a exclusão, impondo certos limites (taxatividade das causas) em ordem à consideração dos efeitos nefastos que a exclusão implica na esfera jurídica do sócio excluído. Daí que actualmente não seja totalmente satisfatória a teoria da disciplina taxativa legal, numa altura em que se admite a previsão de causas contratuais de exclusão.

Porém, não devemos deixar de considerar as contribuições que esta teoria apresenta na justificação da previsão de causas legais, desde logo porque a teoria contratualista não fornece explicação para a previsão legal de causas de exclusão, que derivarão, com certeza, da necessidade de tutela das pessoas jurídicas que são as sociedades comerciais[60]. Por outro lado, esta teoria deixa já antever

---

[58] Com opinião de que o interesse público que está subjacente à tutela das sociedades não é diferente dos interesses que estão subjacentes aos demais contratos de direito privado, MARCELO MENDONÇA DE CARVALHO, "A exclusão de sócios na sociedade anónima", ob. cit., págs. 29 a 31, nomeadamente quando refere que "...o interesse da economia em geral está presente em qualquer tipo de contrato, e não só no de sociedade...".

[59] COUTINHO DE ABREU, "Curso..." ob. cit., págs. 288 e 289.

[60] Como de resto acaba por concluir MARCELO MENDONÇA DE CARVALHO, "A exclusão de sócios...", ob. cit., pág. 46 "...*existem situações no ordenamento jurídico nacional que podem originar a exclusão de um sócio e que não se relacionam com qualquer incumprimento contratual, muito pelo contrário dizem respeito a condutas e estados*

a titularidade do direito de exclusão, que não cabe aos demais sócios (como se retira da teoria contratualista) mas à própria sociedade.

Ademais, como dizíamos, a tutela da continuidade ou conservação da empresa social pode não se reconduzir única e necessariamente à sua elevação a um interesse público, enquanto interesse de toda a comunidade. Pode por isso ser de conferir uma protecção baseada na sua natureza de entidade que prossegue interesses privados que têm de ser protegidos como tal, sem que esses interesses tenham de ser obrigatoriamente recondutíveis a um pretenso interesse público.

Para além de a sociedade comercial ser uma pessoa colectiva e de possuir personalidade jurídica a partir do momento do registo do contrato de sociedade, é igualmente titular de direitos fundamentais. Não devemos esquecer portanto a tutela constitucional das pessoas colectivas, que lhes conferem os direitos "compatíveis com a sua natureza"[61], nos termos do art. 12.º n.º 2 CRP. A simples tutela constitucional que é concedida às pessoas colectivas e, por conseguinte, às sociedades comerciais, é bastante para se admitir que estas devem ser protegidas enquanto tal, pelo que não é despiciendo salvaguardar a existência de interesses[62] na sua conservação e continuidade[63].

---

involuntários dos sócios. A justificação para a exclusão nestas hipóteses só pode ter lugar através da consideração do princípio da conservação da sociedade de forma autónoma ao da conservação do contrato no âmbito do estrito cumprimento das suas obrigações, isto é, com sede na manutenção da empresa social, enquanto universalidade de facto e de direito e não apenas como um contrato com causas de resolução por incumprimento estabelecidas na lei ou no pacto social."

[61] Claro que essa compatibilidade terá de ser vista em concreto, mas haverá casos em que existirá indiscutivelmente: a liberdade de imprensa e a liberdade de reunião serão apenas alguns exemplos, sendo o critério para a atribuição de direitos fundamentais às pessoas colectivas o de que "...não pressuponham características intrínsecas ou naturais do homem como sejam o corpo ou bens espirituais...", J. J. GOMES CANOTILHO, "Direito Constitucional e Teoria da Constituição", 6.ª edição, Almedina, págs. 420-425.

[62] Interesses que poderão inclusivamente ser de cariz público, se o compreendermos de forma adequada. A razão da recusa da invocação de interesses de tal ordem como teoria explicativa da tutela da sociedade prende-se mais com a ideia de que as actividades que esta em regra prossegue se relacionam com os interesses estritamente privados em oposição a uma certa ideia de interesse público, que porventura se reconduziria ao estabelecimento da igualdade entre todos os cidadãos, incompatível, portanto, com os privilégios capitalistas de alguns, numa ideia de tutela das fracções mais desfavorecidas, entre elas a classe dos trabalhadores assalariados. O que não se tem entendido é que a

II – Compreensão da Natureza Jurídica do Direito de Exclusão ...

Por sua vez, os defensores a teoria contratualista "...entendem que o fundamento da exclusão tem sede no contrato social e que ela é operada em razão do interesse dos outros sócios em excluir da sociedade um sócio que prejudique a vida societária..."[64]. Pelo que a exclusão de um sócio não seria mais do que a resolução do contrato de sociedade por facto imputável ao sócio a excluir, resolução essa que teria os seus efeitos pessoais restringidos à esfera jurídica do sujeito em questão – seria pois uma resolução parcial, entendida como uma alternativa à resolução total do contrato de sociedade. Em face de uma qualquer violação contratual (não só das prestações estabelecidas expressamente como também dos deveres subjacentes de lealdade e colaboração) um sócio poderá ser afastado pelos demais em razão do dito incumprimento. Tudo se resumiria à verificação estrita do pacto, cuja não verificação implicaria para o sócio incumpridor, atenta a *especial estrutura do contrato de sociedade*[65], o seu afastamento por vontade dos demais.

---

submissão da continuidade da empresa ao interesse público é que permitirá, as mais das vezes, impedir esses abusos (resultantes de deslocalizações das unidades empresariais e consequentes despedimentos em massa) em relação aos trabalhadores. No Brasil, refere a esta propósito Renato Ventura Ribeiro, "Exclusão de sócios...", ob. cit., pág. 96, que *"... nas sociedades anónimas personalistas, o interesse social, até por força de lei (...) não se restringe somente aos direitos subjectivos dos accionistas. Pelo contrário, continua sendo interesse público. Mesmo na ausência de disposição legal, o interesse social continua sendo público, não se limitando a interesses privados. Isto porque a companhia continua sendo importante forma de organização empresarial geradora de empregos e progresso, principalmente no momento atual, quando inúmeros postos de trabalho são extintos em razão do progresso tecnológico".*

[63] Neste âmbito terá cabimento uma referência à norma constitucional do art. 86.º CRP onde se refere, no n.º 1, que "O Estado incentiva a actividade empresarial, em particular as pequenas e médias empresas, e fiscaliza o cumprimento das respectivas obrigações legais, em especial por parte das empresas que prossigam *actividades de interesse económico geral*" (sublinhado nosso).

[64] Marcelo Mendonça de Carvalho, "A exclusão de sócios...", ob. cit., pág. 34.

[65] Aceitando que a sociedade tem origem num contrato haverá, antes de mais, que caracterizar a sua natureza jurídica. Duas teses principais são apontadas por Ferrer Correia (com a colaboração de V. Lobo xavier, M. Henrique Mesquita, J. M. Sampaio Cabral e António Caeiro), "Lições de direito comercial", vol. II – Sociedades Comerciais (Doutrina geral), Universidade de Coimbra, 1968, págs. 50 a 57: contrato plurilateral ou contrato de fim comum e de organização. A concepção de contrato plurilateral tem a virtualidade de explicar a vinculação de vários sujeitos, mas *"...essa circunstância não se verifica necessariamente: a sociedade também se pode constituir só com duas pessoas"*. Mais acertada é a sua qualificação como contrato de organização ou de fim comum

Ora, fácil é de ver que se trata de uma teoria que acentua a vertente contratualista em que assenta a sociedade, menosprezando a sua vertente institucionalista. Desta forma, se nos (i) permite compreender claramente a possibilidade de se preverem causas de exclusão no contrato de sociedade, não nos explica porém nem (ii) as causas legais de exclusão nem os (iii) casos em que esta ocorre independentemente de se verificar um incumprimento contratual, ao mesmo tempo que (iv) não se revela uma teoria coerente com o nosso direito positivo, onde o direito de exclusão não pertence aos demais sócios (diríamos, com NOGUEIRA SERENS, os sócios *imolestos*) mas à própria sociedade.

(i) A teoria contratualista baseia-se na liberdade de vinculação e conformação contratual das partes no momento em que constituem a sociedade (ou em momento posterior em que um sujeito adquire a qualidade de sócio). É no contrato que as partes estabelecem o interesse social, enquanto interesse comum dos sócios, sendo esse o mecanismo prático ideal para determinar e prever antecipadamente os factos e comportamentos que, por se considerarem lesivos de tal interesse, são susceptíveis de fazer desencadear um processo de exclusão do sócio causador. A exclusão terá por isso como causa o incumprimento de obrigações decorrentes do contrato de sociedade.

(ii) No entanto, em face do nosso direito positivo, em que ao lado de causas contratuais temos igualmente causas legais, esta teoria explicativa não é suficiente. O legislador sentiu a necessidade de estabelecer casos em que é a própria lei – e já não o contrato – que surge como fundamento legitimador autónomo de exclusão de sócio,

---

(com igual opinião, COUTINHO DE ABREU, "Curso de direito comercial...", ob. cit., pág. 91), podendo ser bilateral ou plurilateral e que se contrapõe aos contratos comutativos ou sinalagmáticos. No contrato de sociedade "*...não pode dizer-se que a prestação de cada sócio tenha o seu correspectivo nas dos outros. O que satisfaz o interesse de cada contraente é a sua participação no resultado útil obtido através da exploração do todo orgânico formado à custa da associação de várias prestações. A relação sinalagmática constitui-se, pois, não entre as singulares prestações, mas entre a prestação de cada sócio e a sua participação no resultado da exploração da empresa comum*". Por aqui se explica que em face da exclusão de um sócio não se verifica necessariamente a consequência da *excepção de não cumprimento* em relação aos demais ou mesmo o accionamento da *cláusula resolutiva tácita* (ANTUNES VARELA, "Das obrigações em geral", vol. I, 10.ª edição, Almedina, págs. 398 e 402), pelo que o contrato se mantém válido e eficaz em relação aos demais.

numa clara concepção que parte da necessidade de tutela da empresa, ideia que é comum a todos os casos que encontram assento legal (incumprimento de prestações de entrada ou prestações suplementares, abuso de direito de informação ou perturbação do funcionamento da sociedade quando se verifiquem prejuízos).

(iii) Da mesma forma há casos que não são recondutíveis a um incumprimento contratual (por exemplo, no caso de haver abuso do direito de informação quando este não tenha sido autonomizada no contrato como causa específica de exclusão ou no caso em que a exclusão haja de ocorrer em virtude do preenchimento da cláusula geral do art. 242.º CSC), pelo que de nada nos serve, para este efeito, a teoria contratualista. Como bem refere MARCELO MENDONÇA DE CARVALHO, *"A justificação para a exclusão nestas hipóteses só pode ter lugar através da consideração do princípio da conservação da sociedade de forma autónoma ao da conservação do contrato no âmbito do estrito cumprimento das suas obrigações, isto é, com sede na manutenção da empresa social, enquanto universalidade de facto e de direito e não apenas como um contrato com causas de resolução por incumprimento estabelecidas na lei ou no pacto social."*[66]

(iv) Por fim a teoria contratualista coloca a titularidade do direito de exclusão sobre a esfera jurídica dos demais sócios (individualmente considerados), quando na verdade resulta da Lei que, estando a matéria da exclusão sujeita a deliberação – e sendo a deliberação do colectivo de sócios uma das formas de expressão da vontade da sociedade[67] – se trata de um direito potestativo da sociedade, art. 246.º n.º 1 c) CSC.

Por tudo isto somos levados a concluir que qualquer uma das duas teorias explicativas da natureza jurídica da exclusão de sócio é insusceptível de, por si só, atingir completamente o seu desiderato. No entanto, em face do nosso ordenamento jurídico positivo, uma integração das duas será de todo possível e mesmo desejável, na medida em que nos permite compreender faces distintas mas complementares do mesmo fenómeno. Ao mesmo tempo que se verifica

---

[66] MARCELO MENDONÇA DE CARVALHO, "A exclusão de sócios...", ob. cit., pág. 46.
[67] Como bem refere PEDRO MAIA, "Deliberações dos sócios", in *Estudos de direito das sociedades*, AAVV, Almedina, 7.ª edição, pág. 181, que "...a deliberação é um negócio jurídico da sociedade e não dos seus sócios.".

a preocupação do legislador com a tutela em geral da conservação das sociedades/empresas, admite-se igualmente que os próprios sócios tenham interesses legítimos específicos cuja tutela possa ser prosseguida mediante a previsão, *ex ante*, de causas de exclusão no contrato de sociedade. Consequentemente, haverá que proceder a uma compatibilização das duas teorias se pretendemos apreender a verdadeira natureza jurídica do instituto da exclusão de sócio de acordo com a configuração que esta assume no direito português – daí falarmos em *teoria mista*[68].

A determinação da natureza jurídica do direito de exclusão partilha das dificuldades com que nos deparamos quando, ao expor a teoria da disciplina taxativa legal e a teoria contratualista, procuramos o fundamento subjacente a tal figura. Trata-se agora de determinar qual o expediente jurídico mais adequado a operar a exclusão, sendo certo que esta ocorre umas vezes em consequência do incumprimento de obrigações contratuais e outras em consequência da violação de normas legais que velam pela manutenção da sociedade. Ora, em face desta bipolaridade de fundamentos ético-jurídicos de exclusão, será difícil encontrar um expediente que responda unitariamente perante as duas causas possíveis assinaladas: se é concebível a figura da resolução parcial do contrato[69] de sociedade nos casos em que esta haja de ocorrer em consequência do incumprimento contratual por parte de um sócio, mais difícil se torna sustentar a mesma solução no caso de a exclusão operar por via de violação de normas legais. Neste caso o que se verifica é o mero exercício de um direito potestativo que resulta directamente da lei e que colide com a posição jurídica do sócio em causa, que se encontra num estado de sujeição. Este

---

[68] Com idêntica opinião, MARCELO MENDONÇA DE CARVALHO, "A exclusão de sócios...", ob. cit., pág. 55: "*O facto de ser uma posição mista não coloca em causa, à partida, a sua aptidão para explicar a realidade da exclusão uma vez que ela reflecte a realidade do direito positivo nacional actual e assim permite a superação das críticas que são apontadas a uma e outra corrente e que, no essencial, resultam da incapacidade de uma e outra conseguirem justificar este fenómeno de forma isolada*".

[69] Posição adoptada por MARCELO MENDONÇA DE CARVALHO, "A exclusão de sócios...", ob. cit., pág. 74: "*Assim, a exclusão de sócios constitui uma espécie da figura geral da resolução do contrato fundamentada na verificação de especificidades que são justificadas pelas características próprias do contrato de sociedade, acentuadas pela especialidade do direito comercial e desenvolvidas em função do princípio da manutenção da sociedade*".

sócio encontra-se assim *"(...) na situação de necessidade inelutável em que está constituído o adversário do titular de um direito potestativo, de suportar na sua esfera jurídica as consequências (...) extintivas do exercício daquele direito"*[70].

No entanto, podemos ainda admitir que o exercício de tal direito se subsume à categoria da resolução do contrato, se tivermos em conta a distinção entre a causa e a consequência do direito de exclusão: é que na causa poderemos ter, já o sabemos, um incumprimento contratual ou a violação de norma legal, enquanto que na consequência teremos sempre efeitos que recairão na esfera jurídico-patrimonial do sócio a excluir, o que terá igualmente efeitos sobre o contrato de sociedade. Sendo este o instrumento que procede à vinculação de todos os sócios, os efeitos extintivos que se verifiquem na esfera de um deles reflectir-se-á na futura modelação do contrato anteriormente existente (ainda que não das suas concretas cláusulas). Ou seja, mesmo que a exclusão ocorra com fundamento em violação da lei o contrato sofre modificações, no âmbito do substracto pessoal, por via da saída do sócio. E essa modificação só pode verificar-se por efeito de uma resolução parcial daquele que, sendo o acto constitutivo da sociedade, é igualmente o instrumento que procede à delimitação do seu substrato pessoal.

3. O DIREITO DE EXCLUSÃO NAS SOCIEDADES DE PESSOAS E NAS SOCIEDADES DE CAPITAIS – MANIFESTAÇÃO DE UM *INTUITUS PERSONAE*. A MISCIGENIZAÇÃO DOS TIPOS SOCIETÁRIOS

3.1. Caracterização do direito de exclusão

O direito de exclusão de sócio de uma sociedade comercial é um instituto de natureza *pessoal* quanto à incidência e *extintivo* quanto aos efeitos que produz, na medida em que implica um *terminus* sobre o conjunto dos direitos que se encontram na esfera jurídico-pessoal do sócio a que diz respeito. Os efeitos patrimoniais existirão igualmente (como a eventual possibilidade de o sócio não receber qualquer con-

---

[70] MOTA PINTO, "Teoria geral do direito civil", 4.ª edição por ANTÓNIO PINTO MONTEIRO e PAULO MOTA PINTO, Coimbra Editora, 2005, pág. 185.

trapartida pela participação social de que deixa de ser titular) mas a incidência subjectiva e o facto de a exclusão se despoletar, as mais das vezes, por efeito de um acto, comportamento ou mera situação da *pessoa* do sócio, será a que melhor qualifica e caracteriza a natureza deste direito. Daí poder-se falar num *intuitus personae*[71] que está subjacente à ideia de exclusão, que se fundamenta por isso no próprio sujeito e no seu comportamento e que se manifesta, no fim de contas, na possibilidade de afastar aquele da sociedade – com salvaguarda da continuidade das relações que permanecem sem a perturbação do sócio excluído. E tratando-se de um direito com esse carácter pode colocar-se legitimamente a questão de saber se ele existirá tão-somente nas sociedades que revistam idêntica natureza, ou em que, por outras palavras, o elemento pessoal se mostre igualmente predominante, ou se, por outro lado, existirá, independentemente desse facto, em toda e qualquer sociedade, já que é da própria natureza desta que o seu substrato seja composto por sujeitos.

Tal questão leva-nos à já tradicional distinção entre sociedades *de pessoas* e sociedades *de capitais,* tendo como critério de diferenciação a importância predominante do elemento que está no substrato da sociedade: a pessoa e/ou o capital[72]. Tendo em conta as conclusões a que ainda

---

[71] Para estabelecer claramente a diferença invoquemos, a título exemplificativo, um direito extra-societário, mas que tem implicações com a socialidade, a fim de ilustrar a diferença entre direitos pessoais e patrimoniais: teremos como direito de natureza estritamente patrimonial o direito de proceder à penhora das participações sociais do sócio-devedor de uma prestação a terceiro. Neste caso o que esse terceiro pretende será atacar o património do sócio (composto, porventura unicamente, pelas participações sociais) a fim de satisfazer a dívida e não agir contra a sua pessoa. E ainda que entendêssemos que se trata de uma acção contra a sua pessoa (pelo facto de esse direito surgir na esfera do terceiro por via de um comportamento omisso em relação ao cumprimento atempado da obrigação em causa) sê-lo-á apenas de forma indirecta ou secundária, pois o que se pretende primacialmente será obter a satisfação do crédito (ou seja, prevalece o *intuitus pecuniae*).

Quanto aos vários tipos de *intuitus personae* – absoluto e relativo; positivo e negativo; legal e convencional; geral e particular – ver RENATO VENTURA RIBEIRO, "Exclusão de sócios...", págs. 49 a 55.

[72] "As primeiras são em grande medida dependentes da individualidade dos sócios, o intuitus personae é manifesto"; "As sociedades de capitais assentam principalmente nas contribuições patrimoniais dos sócios...", COUTINHO DE ABREU, "Curso...", vol. II, págs. 67-68. Apontando perfeitamente os critérios distintivos entre os dois tipos em análise, ANTÓNIO CAEIRO, "As sociedades de pessoas no código das sociedades comerciais", Separata do número especial do BFD de Coimbra – «Estudos em homenagem ao Prof. Doutor Eduardo Correia», 1988, págs. 5 e 6.

agora fizemos referência, somos levados a admitir que o direito de exclusão existirá indubitavelmente nas sociedades de pessoas, onde os sujeitos dos sócios preenchem o seu referido substrato pessoal. Mas o que dizer das sociedades de capitais? Existirá tal possibilidade de exclusão, uma vez que nestas "...o que é importante é a participação de capital, a pessoa do sócio fica em segundo plano"[73]? Se o que interessa primacialmente é o capital que é afecto à sociedade, e se a pessoa do sócio surge diluída entre os seus pares, afastada dos destinos daquela organização, terá sentido equacionar a exclusão do sócio, partindo dos pressupostos de que parte o legislador na caracterização da figura jurídica em causa?

Para responder a estas questões não basta salientar as diferenças entre os dois tipos doutrinais de sociedades. Há igualmente que compreender o sentido e a matização do direito de exclusão assim como foi pensado e tipificado pelo legislador, na concreta conformação do tipo societário em causa.

O direito de exclusão surge para resolver um conflito de interesses. Só tem lógica que exista se existir o dito conflito. Se esse conflito é na prática de verificação impossível o direito fica não só sem conteúdo como sem objecto – se porventura é possível configurar uma sociedade em que o elemento pessoal nada releva não será de admitir a existência de conflito entre a pessoa do sócio e a pessoa da sociedade e, consequentemente, não será sequer necessário estabelecer um direito para resolver um conflito que se revela...inexistente. Mas será que nas sociedades de capitais o elemento pessoal nada releva, ou, por outras palavras, será que estas não podem igualmente manifestar um *intuitus personae*? Sendo o elemento "capital" aquele que mais releva nestas sociedades, será possível afastar o elemento "pessoa"? Será que se pode dizer que a sociedade anónima, enquanto paradigma das sociedades de capitais, é um «saco de moedas» e não uma organização de pessoas? Vejamos mais de perto o problema.

A questão que se coloca é a de saber se em qualquer sociedade comercial é actualmente possível – ou se alguma vez foi – proceder a uma cisão entre os seus elementos constituintes, de modo a sobrelevar a importância de uns sobre os demais. Será que podemos reconduzir um tipo societário legal a um destes dois tipos doutrinais de sociedades? E um tipo *contratual* – aquele que é escolhido pelas partes na mobilização

---

[73] ANTÓNIO CAEIRO, "As sociedades de pessoas...", ob. cit., pág. 5.

e afastamento de normas de carácter supletivo – pode reduzir-se ou enquadrar-se na estrutura de uma sociedade de pessoas ou de capitais? E se o puder, será que daí deriva algum interesse e algumas conclusões para o seu regime?[74]

Julgamos que os tipos doutrinais guardam ainda alguma da sua utilidade, quer na interpretação de cláusulas contratuais[75], quer na procura de soluções para problemas que surgem no âmbito de uma sociedade em concreto, quando o seu regime legal as não fornece. Neste caso pode encontrar-se solução em normas previstas expressamente para tipos sociais que figurem no mesmo âmbito doutrinal[76], desde que, obviamente, seja possível essa identificação.

---

[74] Já ANTÓNIO CAEIRO demonstrava dúvidas quanto à necessidade da distinção entre sociedades de pessoas e sociedades de capitais, precisamente quando se pretende qualificar a sociedade por quotas e integrá-la num dos dois tipos. Conclui pela importância da distinção não para a qualificação em abstracto de um tipo legal de sociedade mas para a caracterização de sociedades em concreto: "Deste modo, a classificação toma pé, desloca-se do mundo da abstracção para o mundo das realidades concretas", in "A exclusão estatutária do direito de voto nas sociedades por quotas", "Estudos de direito comercial", Centro de Direito Comparado da Faculdade de Direito de Coimbra, 1969, pág. 131 e ainda em "Temas de direito das sociedades", pág. 33.

[75] Sem cuidar da questão da interpretação e do seu objecto, fazemos porém uma referência a algumas noções que HUGO FONSECA professa no seu ensino: a natureza da sociedade em causa derivará da interpretação que se faça das cláusulas do contrato, sendo que, no entanto, o tipo de interpretação que devemos adoptar apenas se saberá depois de desvendarmos a natureza das cláusulas. Do mesmo modo, a natureza das cláusulas apenas se obtém depois da interpretação, com o que temos uma incindível relação entre interpretação e objecto da interpretação, que pode dificultar, neste aspecto em concreto, o enquadramento de uma sociedade em um daqueles tipos doutrinais.

[76] "Não será em regra, tarefa impossível classificar uma dada sociedade, integrando--a num grupo ou no outro [sociedades de pessoas/sociedades de capitais], conforme as características predominantes na sua estrutura. E para quê? Para, em todos os casos em que o estatuto for omisso, se lhe aplicar o regime legal supletivo mais adequado à sua estrutura concreta", ANTÓNIO CAEIRO, "A exclusão estatutária do direito de voto...", ob. cit., pág. 132.

A conclusão que daqui podemos retirar é a de que duas sociedades de tipo legal diferente poderão, na verdade, corresponder a um mesmo tipo doutrinal, com a importante consequência de poder ser de aplicar soluções que estão expressamente previstas para uma delas a problemas que surjam no âmbito da outra. Ainda assim há que ter presente a distinção entre tipos legais ou abstractos e tipos concretos ou reais de sociedade. Os tipos legais ou abstractos são aqueles em que o modelo de sociedade resulta do regime estabelecido na lei, enquanto que os tipos reais revelam um modelo de sociedade que resulta da modelação que é levada a cabo em respeito pela vontade das partes. E a

A verdade é que a tipologia das sociedades comerciais não corresponde a tipos estanques e imutáveis relativamente à liberdade contratual das partes. E como já tivemos oportunidade de referir, a capacidade inventiva dos agentes económicos permite muitas vezes criar mecanismos e soluções que regem a vida dos negócios, independentemente da sua estrita aderência às normas legais, antes partindo de uma sua configuração e aproveitamento de modo a satisfazer as suas necessidades. Tudo isto para dizer que o tipo sociedade anónima não corresponde unicamente à sociedade majestática que presidiu ao seu surgimento, aquela sociedade que teve origem na necessidade imediata de obtenção de uma enorme quantidade de capitais para levar a cabo a exploração de uma actividade extremamente dispendiosa e de elevado risco. A verdade é que os tempos mudaram, mas a sociedade anónima permaneceu, não indiferente às mutações entretanto ocorridas, inclusivamente ganhando mais força e conseguindo afirmar-se entre os seus *pares*. É hoje, poderemos dizê-lo, forma de organização privilegiada da exploração de actividades que pretendem ter algum relevo, não só ao nível do volume de negócios, como também ao nível do investimento inicial e do risco envolvido. No entanto, é igualmente utilizada, sobretudo numa economia como a portuguesa e com a sua reduzida dimensão, para levar a cabo a exploração de pequenas actividades, que envolvem um risco mais diminuto mas que *necessitam* (ou que se tornam aliciantes por isso mesmo) igualmente da possibilidade

---

verdade é que pensamos, com ANTÓNIO CAEIRO, que os tipos doutrinais podem ser relevantes sobretudo quando nos estamos a referir a tipos reais de sociedades. Desta forma, e apesar de podermos enquadrar sociedade por quotas e sociedade anónima, atendendo ao tipo legal, no grupo das sociedades de capitais [se nos atendermos nomeadamente aos elementos infalíveis (ver *infra*, ponto 3. 2)], a verdade é que a distinção proporcionada pelos tipos doutrinais é sobretudo relevante no âmbito dos tipos reais e concretos de sociedade, tal como elas têm existência na prática negocial. Por isso, verificando que uma concreta sociedade anónima tem uma marcada vertente personalística como traço da sua estrutura, não será errado admitir o recurso a normas previstas para um tipo que é ele mesmo usado na prática negocial em moldes personalísticos (sociedade por quotas), normas essas que, como dizíamos, fornecem a resposta a um problema típico das sociedades com feição personalística – o direito de exclusão de sócio.

A aceitação das regras previstas para a exclusão de sócio nas sociedades por quotas resulta assim, para as sociedades anónimas (fechadas ou familiares), tanto de uma identificação em sede de tipo legal como, e mais importante, de uma identificação em sede de tipo real ou concreto de sociedade. A sociedade anónima que assume uma feição personalista pode recorrer por isso a soluções pensadas para um outro tipo social que assuma uma vertente também ela personalista.

de desresponsabilização dos patrimónios individuais dos sócios, sem os quais muitas vezes tais investimentos não se fariam. Daí que a sociedade anónima responda hoje a uma multiplicidade de caracterizações possíveis, havendo actualmente um sentido doutrinal e legislativo que tende a distinguir dois tipos de sociedade anónima: a pequena ou fechada SA, ao lado da típica grande SA. E a sociedade anónima pequena ou fechada caracterizar-se-ia por um *intuitus personae*.

3.2. A compreensão do fenómeno actual da tipicidade societária à luz do *intuitus personae*

A diferença que tende a estabelecer-se na doutrina entre sociedades de pessoas e sociedades de capitais tem como elemento distintivo a existência de um *intuitus personae*[77], entendendo-se que este existe quando da configuração da sociedade se possa extrair a atribuição de uma grande importância ou de um papel de relevo à pessoa dos sócios[78]. Daí que apenas em face de uma concreta sociedade, com a configuração estrutural estabelecida pelo contrato, se possa avaliar a existência de tal *intuitus personae*, no sentido de conduzir, perante conclusão positiva, à sua inclusão no tipo "sociedade de pessoas" ou, quando muito, permitindo concluir que, apesar de se tratar (ainda) de uma sociedade de capitais, esta aparece já dotada de elementos personalísticos – teremos pois o fenómeno da "matização personalística do cunho capitalístico"[79] das sociedades de capitais.

Tendo sido considerado que o direito de exclusão decorrerá de uma manifestação deste *intuitus personae*, torna-se da maior importância determinar, ainda que previamente e em abstracto, os tipos de sociedades comerciais em que, existindo tal intuito, poderá existir tal direito. Por outras palavras, há que determinar quais as sociedades onde o *intuitus*

---

[77] "Por intuitus personae em sociedade comercial pode-se entender a união íntima dos sócios em razão da confiança mútua e afinidades comuns. Representa consideração da pessoa do sócio, quer em relação à sociedade como aos demais sócios", RENATO VENTURA RIBEIRO, "Exclusão..." ob. cit., pág. 46.

[78] Não só dos sócios originários mas também daqueles que venham a adquirir essa qualidade de forma derivada.

[79] NOGUEIRA SERENS, "Notas sobre a sociedade anónima", BFD, 2.ª edição, 1997, pág. 6.

personae é manifesto, onde a pessoa dos sócios é indispensável para a prossecução do fim social. Desde logo é inegável que, dada a configuração imperativa da SNC, esta constituirá o modelo das sociedades de pessoas, existindo neste tipo uma forte predominância de um subjacente *intuitus personae*[80]. A questão coloca-se com maior dificuldade de resposta no que diz respeito aos dois tipos sociais que levamos em maior consideração na presente obra, as SQ e as SA, cada uma com a sua dificuldade própria: desde logo é discutida a integração da SQ nas sociedades de pessoas ou nas sociedades de capitais[81], e não obstante isso o legislador estabeleceu um regime de exclusão de sócio relativamente abrangente neste tipo social; por outro lado as SA são o protótipo das sociedades de capitais e não obstante isso tem-se assistido a um movimento de personificação deste tipo societário, que se não leva directamente a uma descaracterização do tipo originário, pelo menos obriga a considerar uma multiplicidade de subtipos ou a impossibilidade de *reductio ad unum* do modelo em causa.

No que diz respeito às SQ achamos mais correcta a sua integração no tipo sociedades de capitais, desde logo porque a segurança e a certeza que se exigem quanto a esta problemática nos levam a considerar como mais relevantes os elementos infalíveis, isto é, os elementos caracterizadores de qualquer sociedade por quotas, que não dependem da concreta modelação feita pelas partes[82]. Daí que, a necessidade *imperativa* de

---

[80] E daí o facto de o direito de exclusão ter sido objecto de tão desenvolvido tratamento por parte do Legislador, ver *infra*, III, ponto 3. 2.

[81] A sociedade por quotas é apontada como um modelo misto ou que se situa a meio caminho entre as sociedades de pessoas – de que é expoente máximo a SNC – e as sociedades de capitais – de que é protótipo a SA. Porém, têm sido aduzidos argumentos para a sua caracterização como sociedade personalística, desde logo quando se refere que o modelo de SQ que resulta da lei, no caso de as partes constituírem tal sociedade sem afastar as normas supletivas, valoriza o elemento pessoal sobre o elemento patrimonial. Com esta opinião, PEDRO MAIA "Tipos de sociedades comerciais", *Estudos de direito das sociedades*, AAVV, ALMEDINA, 7.ª edição, págs. 28 e 29.

[82] No entanto, pelo facto de caracterizarmos o modelo geral e abstracto de sociedade por quotas como sociedade de capitais – atendendo, como se referiu, aos elementos infalíveis –, não significa que se desconsidere a realidade, que de facto deve constituir sempre o ponto de partida de qualquer análise que se pretenda virada para essa mesma realidade. Daí que, mais uma vez o dizemos, quando a incluímos no rol das sociedades de capitais nos estejamos a referir apenas e tão-só à caracterização da sociedade por quotas em termos abstractos, como que delineando um ponto de partida, ancorado na certeza e na segurança jurídicas. O que não implica, claro está, que a realidade tenha uma total aderência ao modelo legal imperativo, desde logo porque, como é sabido, na

existência de um capital social mínimo[83] (art. 201.º CSC), com a consequente imperatividade de realização das entradas por parte dos sócios e ainda a forma de contagem ou atribuição dos votos[84] (um voto por cada cêntimo do valor nominal da quota, nos termos do art. 250.º CSC) surjam como elementos (entre outros) que lançam a SQ para o universo das sociedades de capitais – e isto porque se tratam de elementos imperativos, que não podem ser afastados pela vontade das partes.

Mas, como começámos por dizer, o *intuitus personae* retira-se de vários elementos e não é inconcebível a sua existência numa sociedade tipicamente de capitais, desde logo porque este é (*leia-se*, pode ser) introduzido pela mobilização dos elementos disponíveis ou supletivos, aqueles que podem ser escolhidos ou afastados pela vontade das partes. E se considerarmos como elemento preponderante para a existência de um *intuitus personae* a restrição à transmissibilidade das participações sociais[85] teremos de admitir que existirão sociedades de capitais, mesmo sociedade anónimas, que serão, nesse sentido, *"personalistas"*. E não sendo dessa forma concebível uma total inconciliação entre o cariz capitalístico de uma sociedade e a co-existência de um *intuitus personae*, abre-se a porta para a aceitação nas sociedades de capitais de um direito de exclusão que como sabemos se move no âmbito de um *intuito personalístico*. Aliás, no que diz respeito às sociedades por quotas, é o próprio legislador que não se coíbe de introduzir esse elemento perso-

---

sociedade por quotas há um enorme espaço de conformação para a autonomia privada. De acordo com esta conclusão devemos igualmente ter em conta que apesar de virmos a caracterizar a sociedade anónima como uma sociedade de capitais não poderemos fechar os olhos às múltiplas possibilidades de personalização/personificação deste tipo em concreto. De onde apenas se extrai uma conclusão – servimo-nos dos elementos infalíveis para caracterizar os tipos sociais em geral e abstracto, enquanto atendemos à modelação concreta que a realidade da vida nos demonstra acerca da configuração dos dois tipos sociais para concluir que, tanto um como outro, poderão assumir uma feição perfeitamente personalista (sendo a regra na sociedade por quotas, não deixa de ser possível igualmente na sociedade anónima), que conduz a uma possível identificação entre os dois tipos referidos, o que se pode revelar essencial em sede de integração das lacunas dos respectivos regimes.

[83] Como refere Marcelo Mendonça de Carvalho, "O direito de exclusão...", ob. cit., pág. 83, " (...) para Thomas Raiser será uma sociedade de capital a sociedade cuja lei reguladora sujeite a sua constituição a um determinado valor de capital mínimo".

[84] No seguimento do pensamento de Nogueira Serens, "Notas sobre a sociedade anónima", ob. cit., pág. 5 e ss.

[85] Como de facto faz Renato Ventura Ribeiro, "Exclusão..."ob. cit., págs. 41 a 43.

nalístico no respectivo regime. Já nas sociedades anónimas tal aceitação necessitará de uma construção doutrinal que se funde numa eventual possibilidade de personificação daquela que é o expoente máximo das sociedades de capitais.

Veremos, por isso, em que termos será defensável a admissibilidade de um direito de exclusão nas sociedades anónimas, na medida em que estas revelem um intuito ou uma configuração (também) personalística[86].

---

[86] Ver *infra*, parte IV, ponto 2.

III

SURGIMENTO DA FIGURA DA EXCLUSÃO E SUA SOBREVIVÊNCIA NOS ORDENAMENTOS JURÍDICOS DA ACTUALIDADE

Sumário: 1. A origem do instituto da exclusão de sócio. 2. Um percurso pela regulamentação de exclusão de sócio nos ordenamentos jurídicos estrangeiros. 2.1. O direito alemão. 2.2. O direito espanhol. 2.3. O direito italiano. 2.4. O direito francês. 2.5. O direito brasileiro. 3. A exclusão de sócio no direito português. 3.1. Generalidades. 3.2. Sociedades em nome colectivo. 3.3. Sociedades por quotas. 3.3.1. O sócio remisso. 3.3.2. Incumprimento da obrigação de prestações acessórias. Remissão. 3.3.3. Incumprimento da obrigação de prestações suplementares. 3.3.4. Abuso de direito de informação. 3.3.5. O regime geral da exclusão de sócio nas SQ. 3.3.6. Exclusão judicial de sócio. 3.3.7. O direito de exoneração em caso de não exclusão. 3.3.8. Titularidade do direito e Impedimentos de voto. 3.3.9. A eventual possibilidade de construção de um regime jurídico fundado na justa causa de exclusão. 3.4. Sociedades anónimas. 3.4.1. O accionista remisso. Incumprimento da obrigação de entrada. 3.4.2. A obrigatoriedade de efectuar prestações acessórias. Incumprimento.

1. A ORIGEM DO INSTITUTO DA EXCLUSÃO DE SÓCIO

O direito de exclusão de sócio é hoje uma *"conquista do direito societário da generalidade dos países"*[87], mas uma conquista relativamente

---

[87] AVELÃS NUNES, "O direito de exclusão de sócios nas sociedades comerciais", Almedina, Coimbra, 2002, pág. 47

recente, na medida em que a sua consagração legal tem origem apenas nos códigos iluministas dos finais do séc. XVIII[88]. Compreende-se que as suas origens (comerciais) não remontem a tempos mais longínquos que a Idade Média, pois é apenas por volta do séc. XII que, por força do circunstancialismo da vida económica de então e das necessidades (jurídicas) que a mesma suscitava, se revela a imperatividade de um direito autónomo e diferenciado em relação ao direito civil, susceptível de regular e dirimir conflitos também eles distintos dos típicos conflitos jurídico-civilisticos[89] – o Direito Comercial. Ademais, dada a natureza estritamente societária que se reconhece ao instituto – desde logo, só pode haver exclusão de sócio de uma sociedade quando exista... sociedade – só faz sentido o seu surgimento ou a sua problematização prática a partir do momento em que, estando já disseminada a actividade mercantil[90] (período pós-feudalismo), esteja também consolidado o exercício dessa actividade sob a *forma* de sociedade. Ora, sabemos que na génese da adopção da forma societária para o exercício em comum de uma determinada actividade tendente à obtenção de um lucro esteve a necessidade de obtenção de grandes investimentos, relacionados com uma actividade em concreto – a exploração do comércio colonial. Falamos nos precedentes das actuais sociedades comerciais que se podem encontrar no medievo contrato de comenda[91] – conhecido já desde o séc. X, que viria a estar na génese da sociedade em comandita e igualmente na génese do contrato de associação em participação[92] – e nas companhias coloniais, designadamente a Com-

---

[88] Nomeadamente nos códigos Prussiano de 1794 e Austríaco de 1811, AVELÃS NUNES, "O direito de exclusão de sócios nas sociedades comerciais" e RENATO VENTURA RIBEIRO, "A exclusão de sócios...", ob. cit., pág. 112.

[89] COUTINHO DE ABREU, "Curso de Direito Comercial", vol. I, pág. 1 e ss.

[90] Não só em sentido económico enquanto actividade de interposição nas trocas, mas considerando igualmente a vertente produtiva e as suas finalidades. Falamos por isso do tempo em que surge o capitalismo e em que, consequentemente, se passa de um quadro de economia ou produção de auto-consumo ou em que subsista a troca directa de bens, para uma economia de produção para venda, onde se procura obter o máximo lucro por valorização do investimento inicial, AVELÃS NUNES, "Economia, vol. I, A Moeda", Apontamentos destinados aos alunos do 5.º ano da Faculdade de Direito de Coimbra.

[91] PAULO OLAVO CUNHA, "Direito das Sociedades Comerciais", pág. 29.

[92] Este sem qualquer natureza societária, apesar da aludida origem comum. Ver FERRER CORREIA, "Lições de direito comercial", pág. 24 e COUTINHO DE ABREU, "Curso de Direito Comercial – das Sociedades", vol. II, págs. 37 – 40.

panhia das Índias[93], nos inícios do séc. XVII – que serão os antepassados da actual sociedade anónima.

Daí a relação de antecedência lógica entre a existência e "banalização"[94] do recurso à forma de sociedade comercial para se explorar determinada actividade e a necessidade de estabelecimento de um direito de exclusão de um sócio, a favor da mesma (independentemente de nos debruçarmos ainda sobre os motivos que a justificarão).

No entanto, a consagração legal do direito de exclusão de sócio não foi contemporânea da regulamentação relativa às sociedades comerciais, que surgiu inicialmente, sobretudo nos países pioneiros na exploração colonial. Veja-se que Portugal, apesar do estrutural atraso relativamente aos demais países, tem regulamentação societária que data dos inícios do séc. XVII, com as Ordenações Filipinas[95]. Daí que o surgimento e previsão legal do instituto em análise possa eventualmente ter ficado a dever-se a exigências que se verificaram na prática, a «necessidades do tráfico», exigências às quais o legislador não pôde ficar alheio[96], apesar de inicialmente não ter previsto como imperativo.

---

[93] "As grandes companhias coloniais do séc. XVII, e mais concretamente a Companhia Holandesa das Índias Orientais (1602), são normalmente apresentadas como percursoras (protótipos) das modernas S. A." NOGUEIRA SERENS, "Notas sobre a Sociedade Anónima", BFD, 2.ª edição, 1997, pág. 7.

[94] Veja-se que com a L. 27/2002 até os Hospitais podem ser explorados por Sociedades Anónimas, COUTINHO DE ABREU, "Sociedade anónima, a sedutora [Hospitais S. A, Portugal S. A]", Almedina, 2003, pág. 15.

[95] COUTINHO DE ABREU, "Curso...", vol. I, pág. 9

[96] De resto são por demais evidentes as situações que conseguem consagração jurídica depois da sua verificação e imposição na prática negocial. A título de exemplo veja-se o que sucedeu no caso da transmissibilidade das quotas, na medida em que, não obstante a LSQ estabelecer o princípio da liberdade de transmissão, art. 6.º, "*As quotas são transmissíveis nos termos de direito*", "...a prática acabou por adoptar solução contrária através da frequente introdução nos contratos de sociedade de cláusulas que sujeitavam a cessão de quotas a consentimento da sociedade. A solução consagrada no n.º 2 do art. 228.º do CSC veio tomar em conta essa realidade", in SOVERAL MARTINS, "A cessão de quotas, parte II", apontamentos para os alunos de direito comercial, 5.º ano, 2006/2007, e, mais recentemente em "A cessão de quotas, alguns problemas", Almedina, 2007, págs. 31 e 32. Mas muitos outros exemplos poderiam ser mobilizados (o contrato de locação financeira, os títulos de crédito...), sendo o mais evidente o próprio surgimento do direito comercial como ramo autónomo de regulamentação jurídica, que surgiu, como sabemos, da necessidade que a prática negocial suscitava (que não se verificava ainda na antiguidade clássica) e das insuficiências do direito civil preexistente para lhe dar adequada resposta.

As primeiras regulamentações da exclusão de sócio surgiram no âmbito do direito civil[97], tendo sido depois transpostas para o universo jurídico-mercantil, onde a sua previsão parece encontrar predilecto campo de aplicação, na medida em que as repercussões de um comportamento que possa fundar o accionar dessa hipótese (*leia-se*, desse direito) podem influenciar mais negativamente a imagem ou bom-nome da sociedade comercial, afectando a possibilidade de obtenção de crédito e pulverizando o seu *goodwill*, impedindo na prática a prossecução do interesse social e diminuindo as possibilidades de realização do escopo lucrativo.

Consequentemente, tal instituto tem vindo a ser introduzido nas legislações dos ordenamentos jurídicos mais relevantes, sofrendo ao longo dos tempos uma reconfiguração e remodelação que permitem a sua aplicação para além dos casos inicialmente previstos, nomeadamente a tipos de sociedades com cuja natureza se pensava inicialmente não se poder coadunar.

Vejamos então de seguida a evolução que o direito de exclusão de sócio sofreu em vários ordenamentos ao longo dos tempos, antes de tentarmos perceber a sua configuração actual sobretudo no hodierno direito português.

2. UM PERCURSO PELA REGULAMENTAÇÃO DE EXCLUSÃO DE SÓCIO NOS ORDENAMENTOS JURÍDICOS[98] ESTRANGEIROS

2.1. O direito alemão

Como tivemos oportunidade de ver o instituto da exclusão de sócio teve a sua inequívoca consagração na lei civil prussiana (primeiro) e austríaca (depois) dos fins do séc. XVIII, apesar de podermos encontrar ainda algumas reminiscências no período medieval, com a Lei das Sete

---

[97] RENATO VENTURA RIBEIRO, ob. cit., pág. 112, referindo-se à inicial consagração da exclusão de sócios pelo código *civil* prussiano e austríaco.

[98] Decidimos acompanhar de perto a resenha histórica levada a cabo por RENATO VENTURA RIBEIRO, "Exclusão de sócios...", pág. 113 e ss., onde nos revela o surgimento do instituto em vários ordenamentos jurídicos. Para tratamento da mesma questão ver AVELÃS NUNES, "O direito de exclusão de sócios nas sociedades comerciais", pág. 47, nota 47.

Partidas (*Las Siete Partidas*, séc. XIII). Consequentemente, aqueles códigos vêm a influenciar o direito alemão[99] que passa a adoptar o direito de exclusão de sócio, quer a nível civilístico quer a nível comercial (1861 e 1897), ora tendo como predominante (e como regra) a possibilidade de dissolução da sociedade[100], sendo a exclusão de sócio apenas excepcional, aceitável quando justificada e quando o contrato o tenha previsto – no direito civil – ora tendo como regra a exclusão de sócio fundamentado em "motivo grave", independentemente da previsão contratual, reservando a dissolução para os casos em que a sociedade não possa efectivamente subsistir – no direito comercial[101]. Pode retirar-se desta regulamentação que no âmbito do direito comercial se tutela a continuidade da sociedade/empresa[102], ("necessidade económica de

---

[99] RENATO VENTURA RIBEIRO "Exclusão de sócios... ", pág. 113-115.

[100] Como veremos esta dicotomia entre a dissolução da sociedade (extinção) e exclusão de sócio acompanhar-nos-á em quase todos os ordenamentos jurídicos em análise, surgindo como hipóteses alternativas de resolução de um "problema" no funcionamento daquela. Os ordenamentos que, em determinada altura do seu desenvolvimento, configuram a sociedade através de um *intuitus personae* de que não abrem mão, tendem a defender a insubsistência daquela entidade na impossibilidade de manutenção do estrato pessoal que lhe serve de base. E dizemos em determinada altura porque com a evolução do pensamento jurídico verificou-se um progressivo afastamento em relação à concepção romanista da *societas* e passou a olhar-se para a sociedade como uma realidade existente para além das pessoas que lhe dão vida. Aliás, não pode deixar de ser essa a origem das sociedades *anónimas*, em que a própria denominação indiciava a dissociação entre a sociedade, enquanto ente dotado de personalidade jurídica, e os sócios que lhe deram origem e que não tinham de ser conhecidos, nomeadamente porque a sua firma não podia conter o nome de pessoas (não podia ser uma firma-nome). Quando passou a ser admitida a constituição de uma firma-denominação (em 1931, com o Decreto n.º 19 6398) "...a sociedade anónima deixou de ser tão anónima como originariamente se tinha desejado que fosse...", NOGUEIRA SERENS, "Os Quinze Anos de Vigência do Código das Sociedades Comerciais", pág. 194 e 195.

[101] RENATO VENTURA RIBEIRO, "Exclusão...", pág. 113 e 114.

[102] Tutela essa que corresponde à concepção institucionalista do direito societário, em oposição às teses contratualistas. As primeiras foram defendidas inicialmente na Alemanha por MÜLLER – ERZBACH e ALEXANDER KATZ e difundidas em Itália por autores como MOSSA, VIVANTE e BRUNETTI, *in* AVELÃS NUNES, "O direito de exclusão...", págs. 25 e 26, nota 6. Igualmente MENEZES LEITÃO, "Pressupostos da exclusão de sócio nas Sociedades Comerciais", 2.ª reimpressão, Lisboa 2004, pág. 17 nota 4, se bem que com divergências quanto ao pensamento de MOSSA, que acusa de partir de pressupostos institucionalistas para chegar a conclusões que só se entendem nos quadros do contratualismo.

conservação da empresa social"[103]) permitindo-se a exclusão de sócio preferencialmente em relação à dissolução da mesma, enquanto que no direito civil se inverte a regra, podendo haver apenas exclusão nos casos em que tal tenha sido contratualmente estabelecido; quando o não tenha sido valerão as causas de dissolução da sociedade. No que diz respeito à posterior regulamentação das sociedades por quotas e anónimas verificamos que se fica aquém do estabelecido no código comercial: no que diz respeito às sociedades por quotas de responsabilidade limitada a exclusão de sócio apenas está legalmente prevista para os casos em que o sócio esteja constituído em mora – permitindo a jurisprudência a exclusão de sócio fundamentada em justa causa quando o contrato de sociedade o tenha previsto. Relativamente às sociedades anónimas a regra é idêntica – possibilidade de exclusão de sócio constituído em mora – sendo que a construção jurisprudencial estende a previsão do código comercial às sociedades de capitais, permitindo a exclusão de sócio prejudicial ao invés da dissolução da sociedade.

2.2. O direito espanhol

No direito *espanhol*[104] a regulamentação da exclusão de sócio foi bastante precoce, se considerarmos para o efeito *"Las Siete Partidas"*, um corpo normativo elaborado em Castela durante o reinado de Afonso X com o objectivo de assegurar uniformidade e harmonia na aplicação das leis dentro do reino. Na *"Partida Quinta"* da referida lei previa-se, entre outros contratos de natureza mercantil, o contrato de sociedade, usando-se a formulação da "rescisão parcial" como expediente jurídico para proceder à "exclusão do sócio de má índole, cujo comportamento torne impossível a sua permanência na sociedade".

Aparte essa lei, a exclusão de sócio vem a ser estabelecida mais tarde, sendo o ordenamento espanhol um dos primeiros a consagrá-la, influenciando dessa forma os ordenamentos da América Latina. A positivação do direito de exclusão surge – com autonomia material mas com dependência formal – associado à regulamentação da dissolução da sociedade, sendo visto como uma forma de dissolução parcial daquela.

---

[103] MENEZES LEITÃO, "Pressupostos da exclusão de sócio nas Sociedades Comerciais", pág. 16.

[104] RENATO VENTURA RIBEIRO, "Exclusão...", págs. 115-118.

Fala-se em autonomia material porque as causas de rescisão parcial são diversas das causas de dissolução da sociedade, mas verifica-se uma certa dependência formal na medida em que ainda não se fala de exclusão *stricto sensu*, usando-se a formulação de rescisão parcial, que vinha aliás das *"Partidas"*.

A rescisão parcial surge assim como alternativa à dissolução, atentas as necessidades de tutela da continuidade da sociedade, contra os comportamentos[105] reprováveis de um sócio, numa clara ideia de conflito de interesses em que se dava predominância e prevalência ao interesse social sobre o interesse pessoal.

Esse entendimento e sobretudo as causas de rescisão parcial pouco ou nada se alteraram com a entrada em vigor da lei das sociedades limitadas de 1953, sendo que foi apenas com a nova lei das sociedades limitadas de 1995 que o legislador tomou para si a regulamentação das hipóteses em que a rescisão parcial é possível, abandonando a cláusula geral que estabelecera na lei anterior. Admitem-se assim causas legais e convencionais de exclusão, regulando-se igualmente o procedimento de exclusão extrajudicial.

No que às sociedades anónimas diz respeito verificamos que em Espanha se sucederam duas leis distintas, a primeira de 1951 e a segunda de 1989, sendo que inicialmente apenas se estabelecia a exclusão de sócio no caso da não realização integral do valor das acções. Porém, com a segunda lei acrescenta-se uma situação em que é possível a exclusão de sócio: em virtude do incumprimento de *prestações acessórias* que recaiam sobre os accionistas, desde que tais obrigações tenham sido incluídas no contrato e desde que este tenha previsto especificamente a exclusão como consequência.

---

[105] O código comercial espanhol de 1865 considerava como geradores da exclusão os comportamentos de incumprimento da obrigação de entrada, o uso de firma e capital social para a prossecução de negócios em nome e interesse próprio, a concorrência à sociedade e o mau cumprimento da função de gerência, sendo que neste último caso, e ao contrário dos restantes, a exclusão ficava dependente de decisão judicial, visto fundamentar-se na culpa do sócio-gerente, RENATO VENTURA RIBEIRO, "A exclusão de sócios...", pág. 116.

2.3. O direito italiano

No direito *italiano*[106], por sua vez, verifica-se um fenómeno distinto do que vimos ter acontecido com os ordenamentos alemão e espanhol, onde a regulamentação do direito de exclusão de sócio se ia *repartindo* entre a lei civil, a lei comercial e a lei societária. A figura jurídica em causa começou por estar regulamentada no código comercial de 1865[107], assumindo verdadeira autonomia em face da hipótese da dissolução e revelando por isso um especial interesse e uma especial tutela da continuidade da sociedade/empresa. Os comportamentos individuais dos sócios não deveriam fundamentar inelutavelmente a extinção da sociedade nos casos em que a sua continuidade fosse viável, ainda que apenas depois do afastamento do sócio "perturbador".

A aludida diferença em relação aos demais ordenamentos reflecte-se no facto de actualmente a exclusão de sócio estar estabelecida no Código Civil[108], mesmo nos casos em que diga directamente respeito à regulamentação (comercial e) societária, ou seja, mesmo nos casos em que a eventualidade da exclusão se coloque numa *società a responsabilità limitata* (s.r.l), ou, eventualmente, numa *società per azione* (s.p.a).

Partindo do entendimento de que *"L`esclusione è istituto che tende a difendere la società..."*[109] e da ampla utilização que este veio a obter no âmbito das sociedades civis (*società personali*), veio a nova reforma civilística italiana conferir aos sócios a possibilidade de introduzir específicas hipóteses de exclusão por «*giusta causa*» nos estatutos das s.r.l, o que, na opinião de GIUSEPPE STASSANO e MATTEO STASSANO, confirma claramente a tendência para uma personificação da sociedade de responsabilidade limitada. A exclusão de sócio pode ser voluntária, legal[110] ou

---

[106] RENATO VENTURA RIBEIRO, "Exclusão...", págs. 119 e 120.

[107] Mantendo-se posteriormente no Código Comercial de 1882, se bem que com uma formulação distinta, que causava dúvidas acerca do alcance da respectiva norma, já que inicialmente surgia como cláusula geral, aparecendo depois, no segundo código, um elenco de situações que poderiam fundamentar a exclusão. Restava saber se o elenco era exemplificativo ou taxativo – Ver RENATO VENTURA RIBEIRO, ob. cit. pág. 119.

[108] Tal como sucede, de resto, no direito brasileiro, v. *infra*, ponto 2.5.

[109] GIUSEPPE STASSANO, MATTEO STASSANO, "Il recesso e l`esclusione del sócio nella s. r. l e nella s. p. a, La nuova disciplina civilistica", pág. 109.

[110] Num único caso, o do incumprimento da realização da entrada, GIUSEPPE STASSANO, MATTEO STASSANO, "Il recesso e l`esclusione...", pág. 134 e 135.

judicial. Será voluntária quando as partes tenham estabelecido no contrato de sociedade causas ou comportamentos que a fundamentem, desde que sejam recondutíveis a uma apreciação positiva acerca da existência de *justa causa*[111]. Dentro da hipótese de exclusão voluntária situa-se a regra geral de exclusão por grave inadimplemento de obrigações legais ou contratuais. Estaremos em face de uma exclusão legal quando o sócio "*...non esegue il conferimento nel termine prescrito*"[112], quando "*il socio sai stato dichiarato fallito*" ou ainda quando "*...a carico del sócio, un su creditore particolare abbia ottenuto la liquidazione della quota*"[113]. Por fim teremos a exclusão judicial, determinada por sentença de um Tribunal, nomeadamente para os casos em que haja recurso por parte de um sócio contra a aplicação da exclusão voluntária fundada em justa causa, reservada para a hipótese da "*società personale composta di due soli soci*".

2.4. O direito francês

No panorama legislativo *francês* o direito de exclusão surge de forma *tardia* na Lei de 24 de Julho de 1867, fruto da preferência anterior pela concepção romanista de *societas*[114], onde o forte vínculo *intuitus personae* impunha a permanência do agrupamento ou comunidade como um todo, como uma união. A impossibilidade de manutenção do todo que constituía o grupo, por exemplo por alteração do *status* de um dos seus membros, conduzia à impossibilidade de manutenção da *societas*. Na impossibilidade de um sócio ser substituído e na impossibilidade de manutenção da *societas* sem um dos seus membros, restava, pois, a dissolução[115]. E era isso mesmo que previa o Código Civil francês de 1804.

---

[111] GIUSEPPE STASSANO, MATTEO STASSANO, "Il recesso e l`esclusione...", pág. 115.

[112] Como de resto refere FREDERICO BELLINI, "Il sócio`assenteista'", Teoria e pratica del diritto, Giuffrè Editore, 2005, pág. 104.

[113] GIUSEPPE STASSANO, MATTEO STASSANO, "Il recesso e l`esclusione...", pág. 110 e 111.

[114] Não nos referimos aqui às sociedades comerciais porque as não havia em Roma. Ao falarmos em *societas* referimo-nos ao seu sentido político e social.

[115] RENATO VENTURA RIBEIRO, "Exclusão...", ob. cit., pág. 105-110.

A partir de 1867, como se disse, passa a estar consagrada legalmente a exclusão para os casos das sociedades de capital variável (atentas as preocupações de salvaguardar a possibilidade da exclusão, que terá, as mais das vezes, influências ao nível da redução do capital social), quando prevista no estatuto, desde que determinada de forma motivada pela maioria em assembleia-geral[116]. Sucede que apesar da previsão da lei se referir unicamente às sociedades de capital variável não faltou quem pretendesse estender essa tutela às demais, atentas as desigualdades que se criariam dessa forma, contrários aos ideais da Revolução Francesa. Porém, a verdade é que até aos dias de hoje não encontramos na legislação francesa regras gerais sobre a exclusão de sócio, imposição que se estabelece apenas em leis pontuais. Entre elas é de realçar a possibilidade de exclusão por estipulação de cláusula contratual na *société par actions simplifiée*[117].

2.5. O direito brasileiro

Por fim, *last but not least*, uma referência ao direito *brasileiro*. Sendo o Código Comercial brasileiro partidário do direito francês não se começou por prever a exclusão enquanto instituto autónomo em relação à dissolução da sociedade (na já conhecida tradição romanista), daí que tenha sido por via da criação doutrinal que ele começou por ser introduzido na regulamentação das práticas societárias. No entanto, havia já no Código Comercial causas de "rescisão do contrato a respeito do sócio", como o sejam o incumprimento da contribuição para o capital social e o exercício concorrente de actividade mercantil pelo sócio de indústria, fora da sociedade e sem autorização desta. Em norma distinta, o mesmo código fala nos casos em que o sócio se despeça, "ou for despedido com justa causa", restando saber se a exigibilidade de justa causa se refere aos casos anteriormente previstos ou se, pelo contrário, poderá ser mobilizada como cláusula geral, inclusive para fundamentar casos de exclusão não previstos legalmente.

Foi este último o caminho interpretativo construído pela doutrina que a partir de então passou a distinguir duas espécies de exclusão, a legal – que se apoiava nas normas referidas e em outras que entretanto

---

[116] RENATO VENTURA RIBEIRO, "Exclusão...", ob. cit., pág. 121.
[117] RENATO VENTURA RIBEIRO, "Exclusão...", ob. cit., pág. 123.

surgiram, nomeadamente com a lei das sociedades por quotas de responsabilidade limitada – e a convencional – que se ficou a dever a uma interpretação baseada na autonomia contratual e na interpretação lata da cláusula geral acima referida, ou seja, passou a admitir-se a exclusão de sócio quando precedida de previsão estatutária e quando motivada por *justa causa*. Posteriormente vem mesmo a alargar-se este entendimento no sentido da inexigibilidade da existência de previsão estatutária para que o direito de exclusão possa ser exercido, subsistindo porém a exigência de justa causa. Aqui como que se inverte o nexo que levara à consideração inicial da exclusão convencional, recorrendo-se a uma interpretação mais *liberal* da mera exigência de justa causa, apoiada na ideia de que a norma que a exigia (art. 339.º do Código Comercial) não requeria ela mesma previsão contratual nesse sentido.

Actualmente é de referir que a regulamentação societária está, no direito brasileiro, prevista no Código Civil, onde assume especial importância a norma do art. 1030.º, *"Ressalvado o disposto no art. 1.004*[118] *e seu parágrafo único, pode o sócio ser excluído judicialmente*[119], *mediante iniciativa da maioria dos demais sócios, por falta grave no cumprimento de suas obrigações, ou, ainda, por incapacidade superveniente. Parágrafo único. Será de pleno direito excluído da sociedade o sócio declarado falido, ou aquele cuja quota tenha sido liquidada nos termos do parágrafo único do art. 1.026."*[120], norma que será igualmente de aplicar às sociedades anónimas, dado o disposto no art. 1089.º do Código Civil brasileiro, não sendo ainda de menosprezar a possibilidade de estabelecimento de causas de exclusão (convencionais) nos estatutos.

---

[118] "Art. 1. 004. Os sócios são obrigados, na forma e prazo previstos, às contribuições estabelecidas no contrato social, e aquele que deixar de fazê-lo, nos trinta dias seguintes ao da notificação pela sociedade, responderá perante esta pelo dano emergente da mora.

Parágrafo único. Verificada a mora, poderá a maioria dos demais sócios preferir, à indenização, a exclusão do sócio remisso, ou reduzir-lhe a quota ao montante já realizado, aplicando-se, em ambos os casos, o disposto no § 1.º do art. 1. 031."

[119] Há já vozes que se levantam contra a mera previsão legal da exclusão judicial, sugerindo-se a alteração no sentido de permitir a exclusão do sócio minoritário por deliberação da maioria, RENATO VENTURA RIBEIRO, "Exclusão...", ob. cit., pág. 133 nota 283.

[120] Para mais desenvolvimentos acerca do direito brasileiro após a reforma de 10 de Janeiro de 2002, nomeadamente com a reacção da doutrina e mesmo com propostas de lei no sentido da alteração das normas relativas à exclusão de sócio, vide RENATO VENTURA RIBEIRO, "Exclusão...", ob cit., pág. 133.

3. A EXCLUSÃO DE SÓCIO NO DIREITO PORTUGUÊS

3.1. Generalidades

Em Portugal crê-se que a primeira regulamentação relativa à exclusão de sócio não se terá dado antes do código comercial de 1888 (não obstante a existência anterior daquele que foi o primeiro código comercial português, o código de 1837 ou, como também ficou conhecido, o código FERREIRA BORGES), que no entanto previa a exclusão somente para as sociedades cooperativas[121], nomeadamente nos seus artigos 221.º e 222.º. Posteriormente vem a ser consagrada a exclusão de sócio igualmente no actual Código Civil português de 1966[122] – artigos 1003.º a 1006.º –, regulamentação que antecede cronologicamente o Código das Sociedades Comerciais de 1986, sem no entanto dispor normativamente acerca das sociedades de tal tipo[123].

3.2. Sociedades em nome colectivo

O Código das Sociedades Comerciais, actualmente em vigor apesar de mais recentemente modificado pelo Decreto-Lei n.º 357-A/2007, de

---

[121] Que de resto não são actualmente consideradas sequer sociedades, sobretudo por lhes faltar o escopo lucrativo, COUTINHO DE ABREU, "Da Empresarialidade, As empresas no Direito", pág. 183 e ss.

[122] De referir que entre o tempo que medeia as duas leis em questão – o código de comércio de 1888 e o código civil de 1867 – foi promulgada a Lei das Sociedades por Quotas (LSQ) em 11 de Abril de 1901. No entanto esta apenas previa a exclusão de sócio remisso, art. 12.º, ou por falta de cumprimento de prestações suplementares, arts. 18.º e 19.º. A este respeito escrevia ABÍLIO NETO, "Sociedades por quotas", 2.ª edição, PETRONY, 1979, pág. 133 e 134 "Como vemos a lei concede à sociedade a faculdade de excluir o sócio inadimplente, sem que, para tanto, seja necessário que o pacto social, directa ou indirectamente, consagre tal solução. Simplesmente, a exclusão de sócio remisso não é consequência obrigatória e automática da mora do sócio em efectuar as prestações a que está obrigado: a exclusão não se opera *ipso iure*, cabendo à sociedade tomar tal deliberação". No que diz respeito às prestações suplementares mandava-se aplicar o regime da obrigação de entrada, tal como hoje sucede, art. 19.º LSQ (actual art. 212.º CSC).

[123] Ao contrário do que sucede no actual direito brasileiro, em que as sociedades comerciais encontram a sua regulamentação no Código Civil, Livro II, *"Do direito de empresa"*.

31 de Outubro, refere a exclusão em várias disposições: no que diz respeito à regulamentação das Sociedades em Nome Colectivo (SNC) surge a previsão da exclusão desde logo no art. 181.º n.º 5, como consequência daquilo que se poderia designar por abuso de direito do sócio à informação: "O sócio que utilize as *informações* obtidas de modo a prejudicar injustamente a sociedade ou outros sócios é responsável, nos termos gerais, pelos prejuízos que lhes causar e *fica sujeito a exclusão.*"

Por outro lado fala-se em exclusão no art. 185.º n.º 2 al. b) para atribuir a possibilidade de exoneração de um sócio quando ocorra justa causa, entendida esta, entre outras, nos casos em que "A sociedade não delibere excluir um sócio, ocorrendo justa causa de exclusão" contra o voto expresso do sócio que pretende a exoneração.

O regime da exclusão propriamente dito, nas SNC, vem estabelecido no art. 186.º CSC:

Artigo 186.º

Exclusão do sócio

1 – A sociedade pode excluir um sócio nos casos previstos na lei e no contrato e ainda:

a) Quando lhe seja imputável violação grave das suas obrigações para com a sociedade, designadamente da proibição de concorrência prescrita pelo artigo 180.º, ou quando for destituído da gerência com fundamento em justa causa que consista em facto culposo susceptível de causar prejuízo à sociedade.

b) Em caso de interdição, inabilitação, declaração de falência ou de insolvência;

c) Quando, sendo o sócio de indústria, se impossibilite de prestar à sociedade os serviços a que ficou obrigado.

2 – A exclusão deve ser deliberada por três quartos dos votos dos restantes sócios, se o contrato não exigir maioria mais elevada, nos 90 dias seguintes àquele em que algum dos gerentes tomou conhecimento do facto que permite a exclusão.

3 – Se a sociedade tiver apenas dois sócios, a exclusão de qualquer deles, com fundamento nalgum dos factos previstos nas alíneas *a)* e *c)* do n.º 1, só pode ser decretada pelo tribunal.

4 – O sócio excluído tem direito ao valor da sua parte social, calculado nos termos previstos no artigo 105.o, n.º 2, com referência ao momento da deliberação de exclusão.

5 – Se por força do disposto no artigo 188.o não puder a parte social ser liquidada, o sócio retoma o direito aos lucros e à quota de liquidação até lhe ser efectuado o pagamento.

Da análise do regime da exclusão de sócio nas SNC resulta, desde logo, a diferença inequívoca entre causas de exclusão convencionais e causas de exclusão legais (n.º 1, cláusula geral), prevendo-se igualmente a exclusão em casos como o incumprimento grave e culposo de obrigações assumidas (al. a)), em caso de impossibilidade não culposa ou objectiva (al. b)) ou em caso de impossibilidade de cumprimento da prestação com que se obrigara a entrar para a sociedade, no caso de sócio de indústria e independentemente de culpa (al. c)).

3.3. Sociedades por quotas[124]

3.3.1. *O sócio remisso*[125]

Quanto às Sociedades por Quotas (SQ) o Código parece seguir idêntica estrutura, surgindo porém a primeira referência à exclusão no art. 204.º para o caso de incumprimento da obrigação de entrada.

---

[124] No que diz respeito ao direito de exclusão nas sociedade por quotas o anteprojecto de Coimbra dedicava-lhe tão-somente um artigo, o art. 125.º, ver FERRER CORREIA, VASCO LOBO XAVIER, MARIA ÂNGELA COELHO e ANTÓNIO CAEIRO, "Sociedade por quotas de responsabilidade limitada. Anteprojecto de lei", *in* RDES, ano II, n.º 2, Julho/Dezembro 1976, págs. 452 e 453, onde se falava expressamente na possibilidade de exclusão em face da existência de *motivos graves*.

[125] No que diz respeito ao direito italiano será mesmo "le singole cause di esclusione di diritto", nas situações em que determinado sócio não realize o "conferimenti". Nos demais casos haverá apenas exclusão se tal estiver previsto no contrato de sociedade – dentro de determinados requisitos – ou se houver lugar a exclusão judicial, mas apenas nos casos em que a sociedade seja constituída por dois sócios.

ARTIGO 204.º
Aviso ao sócio remisso e exclusão deste

1– Se o sócio não efectuar, no prazo fixado na interpelação, a prestação a que está obrigado, deve a sociedade avisá-lo por carta registada de que, a partir do 30.º dia seguinte à recepção da carta, fica sujeito a exclusão e a perda total ou parcial da quota.

2 – Não sendo o pagamento efectuado no prazo referido no número anterior e deliberando a sociedade excluir o sócio, deve comunicar-lhe, por carta registada, a sua exclusão, com a consequente perda a favor da sociedade da respectiva quota e pagamentos já realizados, salvo se os sócios, por sua iniciativa ou a pedido do sócio remisso, deliberarem limitar a perda à parte da quota correspondente à prestação não efectuada; neste caso, deverão ser indicados na declaração dirigida ao sócio os valores nominais da parte perdida por este e da parte por ele conservada.

(...)

Os pressupostos para a existência de um direito de exclusão prendem--se, neste caso, com o incumprimento da obrigação de entrada, aquela que é, porventura, a mais importante das obrigações dos sócios nas sociedades de capitais, o que desde logo se denota pela sua imperatividade. Mas, se atentarmos na letra do artigo, verificamos que são apertados os seus pressupostos, ou seja, que a exclusão será neste caso o último recurso para o incumprimento da dita prestação.

A hipótese é a de o sócio ainda não ter efectuado a totalidade das entradas a que se obrigou no contrato de sociedade, o que desde logo é possível porque "pode ser diferida a efectivação de metade das entradas em dinheiro", nos termos do art. 202.º n.º 2. Ou seja, pode dar-se o caso de um sócio entrar apenas com metade do valor da sua participação social, diferindo para data certa o cumprimento do restante, em cumprimento do art. 203.º n.º 1, prazo que deverá ser nunca superior a 5 anos após a celebração do contrato. Ora, alcançando-se o referido prazo em que se dá o vencimento da obrigação não se pode dizer que de imediato o sócio entra em mora, na medida em que será sempre necessária uma interpelação pela sociedade, em que lhe conceda um prazo entre 30 e 60 dias para proceder ao livre cumprimento da prestação. Se ainda assim, findo esse prazo, o sócio não tiver cumprido, aí sim, entra em mora, mas não se poderá proceder, sem mais, à sua exclusão. Desde logo terá de se converter a dita mora em incumprimento definitivo, para a qual terá a sociedade de enviar uma carta registada ao sócio, concedendo-lhe um novo prazo para que efectue a prestação, findo o qual se poderá deliberar a sua exclusão (tudo elementos que devem estar contidos na carta, nos termos do n.º 1.º do art. 204.º).

Mas a verdade é que em face do incumprimento definitivo duas situações podem suceder e apenas uma delas conduz à exclusão. Nos termos da primeira parte do n.º 2 do art. 204.º a sociedade poderá então deliberar a exclusão do sócio remisso, o que terá por consequência a "perda a favor da sociedade da respectiva quota e pagamentos já realizados" – o sócio perde a sua quota, perdendo mesmo o valor correspondente a metade da entrada que efectivamente realizou em cumprimento do art. 202.º n.º 2[126]. No entanto esta não é a única opção[127]: diz-se na segunda parte do mesmo n.º 2 do art. 204.º que a sociedade, na deliberação de exclusão, por sua iniciativa ou em resposta a pedido do sócio remisso, pode, em alternativa à exclusão, deliberar limitar a perda à parte da quota correspondente à prestação não efectuada. Por outras palavras, pode a sociedade deliberar que o sócio não é excluído mas que a sua quota se limita não ao valor inicialmente subscrito por aquele mas ao valor da entrada que efectivamente realizou[128]. Nesse caso dá-se uma divisão da quota[129], permanecendo o sujeito como sócio, o que atribui sentido à expressão da parte final do n.º 1 do art. 204.º, onde se fala de perda parcial da quota.

---

[126] Aliás, será este um dos casos em que a exclusão implica igualmente a não atribuição de uma contrapartida ao sócio excluído.

[127] "O sócio inadimplente fica sujeito a exclusão, com a consequente perda total ou parcial da quota a favor da sociedade. No entanto, a medida não é forçosa: a sociedade pode optar, se lhe convier, pelo recurso aos meios comuns de efectivação ou cobrança do seu crédito", FERRER CORREIA, "A sociedade por quotas de responsabilidade limitada, segundo o código das sociedades comerciais", ROA, ano 47, Lisboa, Dezembro 1987, pág. 668.

[128] Desde que a sua quota, nesses moldes constituída, não fique com um valor inferior a € 50, o que já por si constitui uma excepção à regra de que as quotas não podem ter um valor inferior a € 100, art. 219.º n.º 3.

[129] Veja-se o que diz o art. 221.º n.º 8, no que parece ser uma clara alusão à segunda parte do n.º 2 do art. 204.º, "*A quota pode também ser dividida mediante deliberação da sociedade, tomada nos termos do artigo 204.º, n.º 2*".

3.3.2. Incumprimento da obrigação de efectuar prestações acessórias. Remissão

No que diz respeito a este tipo de prestações, e porque elas podem existir quer nas sociedades por quotas quer nas sociedades anónimas, remetemos para o que se diz *infra*, ponto 3.4.2, acerca deste último tipo societário. Ademais, as normas que regulam a disciplina das prestações acessórias[130] nos dois tipos referidos (art. 209.º para a SQ e art. 287.º

---

[130] O surgimento deste tipo de prestações está intimamente relacionado com o próprio surgimento do tipo sociedades por quotas. Apesar de haver quem defenda (e de ser mesmo essa a versão consensual) que a criação deste tipo societário se ficou a dever à necessidade de criação de um modelo intermédio entre as sociedades de pessoas e as sociedades de capitais (ver, entre outros, ANTÓNIO CAEIRO "A exclusão estatutária do direito de voto nas sociedades por quotas", *in* "Estudos de direito comercial", vol. I, págs. 107 a 109), ou o mesmo será dizer, entre as SNC e as SA – as primeiras, como sabemos, não satisfazem as necessidades dos sócios no que diz respeito à limitação da sua responsabilidade, na medida em que "o sócio, além de responder individualmente pela sua entrada, responde pelas obrigações sociais subsidiariamente em relação à sociedade e solidariamente com os outros sócios"; as segundas, por sua vez, eram inicialmente inacessíveis a quem quer, ora porque requeriam avultados investimentos ora porque vigorava o sistema de constituição administrativa, dependente de autorização – numa ideia de favor ao desenvolvimento da actividade económica e da liberdade de concorrência, a verdade é que parece ter sido outro o fundamento da criação deste expediente societário. De acordo com o entendimento de NOGUEIRA SERENS, professado no seu ensino, as verdadeiras origens da sociedade por quotas prendem-se com uma necessidade sim, mas de outro cariz, diríamos, diametralmente oposto à intenção que agora se mencionou: não foi a liberdade de concorrência e a possibilidade de se facultar o acesso à exploração de uma actividade mercantil cuja limitação da responsabilidade dos sócios e as facilidades de criação eventualmente proporcionariam aos interessados, foram antes interesses *"concentracionistas"* e monopolistas a ditar inicialmente tal surgimento. De acordo com esta *versão*, ao tempo do surgimento da SQ a sociedade alemã ("mãe" deste tipo societário) era dominada por cartéis, através dos quais os produtores de certos bens combinavam entre si as quotas de produção e o preço de venda, de modo a limitar ou anular a concorrência e obter os maiores ganhos possíveis. Sucede que tais cartéis só não funcionavam plenamente (havia sempre produtores gananciosos que furavam as limitações e tentavam vender excedentariamente sem que os outros tivessem disso conhecimento) porque lhes faltava uma organização adequada que compelisse ao cumprimento efectivo das determinações do cartel. Para essa estrutura, não sendo adequada a SNC nem a SA, logo se fez surgir o tipo SQ: a sua constituição não carecia de qualquer autorização, o capital social necessário por lei era mínimo (hoje situa-se nos € 5.000) e a maior parte das regras do seu regime eram supletivas, o que concedia às partes uma grande maleabilidade e uma possibilidade de conformação do seu regime

real de acordo com os interesses que se pretendessem salvaguardar. É neste quadro que encontram acolhimento as denominadas *prestações acessórias*, que inicialmente não eram admitidas nas sociedades anónimas por se dizerem contrárias à sua natureza. Mas que prestações acessórias eram estas e qual o seu regime? Pensemos num cartel de produtores de petróleo, controlado por uma sociedade deste tipo: o que verdadeiramente sucedia era que os sócios da sociedade em causa, para além de realizarem a sua entrada, obrigavam-se perante a sociedade a fornecer-lhe as quantidades por si produzidas, cabendo à sociedade decidir acerca do seu destino. Por esta via alcançava-se o desiderato que levara à formação do cartel, com as acrescidas vantagens de existir agora uma estrutura que permitia um maior controlo e um maior rigor, é dizer, uma menor possibilidade de iludir as determinações do cartel por parte dos respectivos sócios e de concorrer com ele, criando desigualdades nos preços e afectando os ganhos dos demais. É desta forma que devem ser entendidas estas obrigações acessórias, que verdadeiramente surgiam assim como as obrigações *principais*: a entrada tinha um valor irrisório e as necessidades de capitais por parte da sociedade a existir eram cíclicas (e para essas logo se afirmou o regime das prestações suplementares!). A verdadeira pretensão da sociedade (por quotas) era obrigar os sócios a efectuar estas prestações, mantendo sob o seu controlo os vários sócios-produtores. Não pretendendo aqui aprofundar os (inúmeros) problemas que decorrem desta realidade – o facto de a sociedade não se dedicar propriamente à exploração de uma actividade produtiva, o facto de os sócios serem, eles sim, produtores, o facto de se pretender a vinculação daqueles à sociedade, mormente pela necessidade de controlar determinado sector económico, ou ainda o facto de se saber como será possível a saída de tais sócios da sociedade, se podem alienar as empresas que individualmente exploram continuando sócios, se podem alienar as participações sociais mantendo a exploração da empresa (...) – a verdade é que esta tese explicativa nos permite compreender a natureza das prestações acessórias e, caso a aceitemos como válida, recusar que ao seu incumprimento se aplique a exclusão de sócio. Vejamos, para concluir: o verdadeiro interesse da sociedade constituída nestes termos será o de manter a obrigação de prestações acessórias pendente sobre os sócios, permanecendo estes vinculados à sua realização, pois essa é a única forma que têm de exercer o controlo sobre as quantidades a produzir e sobre os preços a cobrar. À sociedade de nada serve que o sócio deixe de o ser, sobretudo se se mantiver na exploração da sua empresa e mantiver a produção de bens autonomamente e fora do cartel. É que nesse caso aquele controlo não será total e estará mesmo em risco pela concorrência de um *outsider*. Propugnam os defensores desta tese, por isso, que o incumprimento não conduza à exclusão do sócio, desde logo porque esse não é o interesse da sociedade (logo, esta não estabelecerá no contrato que a consequência para o incumprimento será a exclusão) e porque a ser assim o sócio teria sempre uma forma de abandonar aquela, contra os interesses do cartel: bastava-lhe deixar de cumprir a sua obrigação para atingir o desiderato da sua desvinculação.

E o que se diz a respeito das sociedades por quotas valerá hoje igualmente para as sociedades anónimas, atenta a quase transcrição dos artigos que se debruçam sobre a mesma matéria (209.º e 287.º CSC), o que nos levaria à conclusão de que, pelo jogo para a SA) são quase idênticas – não faltando quem defenda que as diferenças devem ser atenuadas, nomeadamente pela aplicação ao regime da SQ igualmente a expressão "...mas não pode exceder o valor da prestação respectiva" que aparece tão-somente no art. 287.º – pelo que não se exige um tratamento diferenciado.

3.3.3. Incumprimento da obrigação de efectuar prestações suplementares

A obrigação de efectuar prestações suplementares[131] (e da mesma forma prestações acessórias) não decorre imperativamente da lei, antes pode ser introduzida no contrato de sociedade pelas partes, constituindo (as primeiras) uma forma de financiamento próprio e exclusivo[132] das sociedades por quotas. Estas consubstanciam-se na obrigatoriedade de realização de entradas em dinheiro na medida do que ficar estipulado no contrato de sociedade, vinculando apenas os sócios que o contrato determinar e na proporção e medida em que o faça. Ou seja, o contrato de sociedade pode estabelecer que são devidas prestações suplementares sendo necessária posterior deliberação que efective a exigibilidade das mesmas. Trata-se de um mecanismo que se assemelha ao aumento de capital pelo facto de serem ambas formas de financiamento da sociedade, mas que têm regimes jurídicos que os tornam diferenciáveis[133]. Desde

---

de interesses subjacente à existência de tal tipo de prestações, a exclusão não existirá porque é indesejada, antes de tudo, pela própria sociedade.

No entanto, não se descarta a possibilidade de a sociedade estabelecer a consequência da exclusão para o incumprimento de prestações acessórias, desde logo quando este tipo de prestações sejam estabelecidas num contexto em que intervenham outros fundamentos e outros interesses que não os interesses de um cartel, como de resto o desenvolvimento subsequente do tipo sociedade por quotas veio a demonstrar.

[131] Para uma introdução ao seu regime ver COUTINHO DE ABREU, "Curso..." ob. cit, págs. 325 a 328.

[132] Apesar de haver quem defenda a possibilidade da sua existência nas SA, com aplicação analógica das normas da SQ, PAULO OLAVO CUNHA, "Direito das sociedades...", ob. cit., págs. 387 a 389.

[133] Não obstante essa diferença há decisões jurisprudenciais que admitem que a não realização da participação em sede de aumento de capital é igualmente fundamento de exclusão. Veja-se o que se disse no acórdão 0012562 do TRL de 08-05-97: "O exercício do direito de preferência, nos termos do artigo 266, n.º 5 do CSC obriga o sócio a efectivar a sua participação no aumento de capital da sociedade, deliberado em

logo, a deliberação de aumento de capital implica uma alteração do contrato de sociedade, enquanto que a deliberação para realização de prestações suplementares que o contrato tenha como exigíveis corresponde a um mero exercício de uma cláusula contratual – deste facto decorre uma diferença em termos de exigências de quórum deliberativo: o aumento de capital, porque implica alteração do contrato de sociedade, está subordinado às exigências do art. 265.º, só sendo validamente deliberado por maioria de três quartos dos votos correspondentes ao capital social; a deliberação para realização de prestações suplementares, por sua vez, basta-se com a maioria dos votos emitidos, nos termos do art. 250.º. Outra das diferenças entre as duas formas de financiamento diz respeito à sua incidência subjectiva[134]. A obrigação de prestações suplementares só existe se introduzida no contrato de sociedade, que deve prever quem fica obrigado à sua prestação e em que medida (art. 210.º n.º 3). Assim, sendo posteriormente deliberada a sua realização, ficarão sujeitos ao seu cumprimento os sócios que se tenham obrigado no contrato aquando da introdução de tais cláusulas, mesmo que na deliberação em concreto votem contra a sua exigibilidade; pelo contrário, na deliberação de aumento de capital os sócios que não tenham votado favoravelmente não estão obrigados a realizar qualquer prestação, nos termos do art. 86.º n.º 2[135].

---

assembleia-geral, sob pena de, não o fazendo, poder ser excluído da mesma sociedade", como que alargando a possibilidade de exclusão ao incumprimento de quaisquer prestações de capital. Disponível para consulta em:
  http://www. dgsi. pt/jtrl. nsf/33182fc732316039802565fa00497eec/c33f3143c07c44ec802568030004d548? OpenDocument
  [134] Mas igualmente objectiva, no sentido de que as entradas que se efectuem em cumprimento da obrigação de prestações suplementares não integram as participações sociais dos sócios a que dizem respeito, enquanto que em sede de aumento de capital, se este se efectuar por incorporação de reservas, haverá lugar a um aumento proporcional da participação de cada sócio, nos termos do art. 92.º.
  [135] Mas não devemos confundir esta hipótese com a igualmente possível situação de as prestações suplementares, não estando previstas *ab initio* no contrato de sociedade, nele venham posteriormente a ser incluídas por alteração estatutária. Nesse caso pode configurar-se a hipótese de a maioria necessária para a alteração do contrato de sociedade estabelecer que todos ficam obrigados à realização de prestações suplementares, ainda que contra a oposição expressa da minoria. Nesta situação vale igualmente o art. 86.º n.º 2 em derrogação do art. 210.º n.º 3, b), pelo que tais sócios, apesar de passarem a figurar no contrato de sociedade como obrigados à realização de prestações suplementares na realidade não estarão vinculados ao seu cumprimento e, consequentemente, não poderão ser sujeitos a exclusão nos termos do art. 212.º.

A obrigação de efectuar prestações suplementares revela-se assim um expediente útil, funcionando como sucedâneo do aumento de capital e gozando da possibilidade de, eventualmente[136], poder ser deliberada em respeito por um quórum menos exigente do que aquele que é necessário para se proceder à alteração do contrato em que o aumento de capital se consubstancia. Por outro lado, em termos substanciais, é as mais das vezes da maior relevância que estas sejam efectuadas, atento o carácter capitalístico da sociedade por quotas e atentas as necessidades cíclicas de capitais, pelo que se compreende que a relevância destas se equipare, para certos efeitos, à relevância que assume o cumprimento da obrigação de entrada. Para além disso, decorrendo a sua realização da expressa vontade de vinculação do(s) sócio(s) a que diz(em) respeito – nenhum sócio pode ser forçado a assumir a realização de prestações suplementares[137] – haverá uma quebra da confiança se, no momento em que a realização das ditas prestações for deliberada, o sócio volte atrás com a sua palavra e as não efectue[138], deixando a sociedade sem uma forma de financiamento com que legitimamente *pensava* poder contar.

E é nesta ordem de ideias que se insere a norma do art. 212.º CSC, que manda aplicar ao incumprimento das prestações suplementares a mesma sanção prevista para o incumprimento da obrigação de realizar a entrada, ou seja, o sócio fica sujeito a exclusão. Remete-se por isso para o que se disse acerca do incumprimento da obrigação de entrada, que será aplicável com as necessárias adaptações.

3.3.4. Abuso de direito de informação

A lei estabelece igualmente a possibilidade de exclusão de sócio nos casos em que este se sirva de informações obtidas no seio da sociedade com intuito de a prejudicar, fazendo um uso indevido das mesmas. Nesse sentido, pode mesmo falar-se em abuso do direito de informação[139].

---

[136] Não nos devemos esquecer que o quórum do art. 250.º é um quórum deliberativo supletivo, que pode ser aumentado por vontade das partes.

[137] Parece ser essa aliás a ratio do art. 229.º n.º 5, b), para os casos em que um sócio adquira a quota de forma derivada.

[138] Trata-se eventualmente de um caso de abuso de direito subjectivo por violação da boa fé, na modalidade *venire contra factum proprium*.

[139] No que diz respeito às sociedades anónimas verifica-se uma diferença de regime. Para este tipo social o legislador não estabeleceu a consequência da exclusão para o uso

Enquadrando-se esta possibilidade legal na matéria relativa ao direito à informação, há que proceder, preliminarmente, a um enquadramento da questão. Sabemos que sobre o sócio impende uma obrigação principal nas sociedades por quotas e anónimas, as únicas que exigem um capital social mínimo. Falamos, é claro, da obrigação de entrada. E é pelo facto de haver esta (obrigação de) entrada que, como correspectivo, o sócio adquire um conjunto de direitos e obrigações actuais e potenciais em que se consubstancia a sua participação social. Um desses direitos é o direito à informação.

Sucede que este é um direito que se dilui ou que se vai rarefazendo à medida que nos deslocamos das sociedades de pessoas para as sociedades de capitais (tendo como ponto intermédio as SQ), na medida e na proporção em que se vai igualmente diluindo a relação de proximidade entre o sócio e a sociedade[140]. É um direito bastante amplo na SNC, art. 181.º, podendo sofrer restrições nas SQ, art. 214.º, na medida em que pode ser regulado (*leia-se*, limitado) no contrato de sociedade "contanto que não seja impedido o seu exercício efectivo ou injustificadamente limitado o seu âmbito" (de onde se retira que as limitações *justificadas* serão admissíveis). Já nas SA, art. 288.º, verifica-se que apenas tem direito ("mínimo") à informação "o accionista que possua acções correspondentes a, pelo menos, 1% do capital social" e somente no caso de alegar "motivo justificado". Apesar de em outras disposições do código (nomeadamente arts. 290.º e 291.º) se estabelecer igualmente o direito à informação, o que é certo é que se impõem vários limites (certas informações que se pedem no

---

indevido ou abusivo da informação. Cremos, no entanto, que ela poderá ainda assim suceder, tanto mais que em certas situações o uso de informação privilegiada chega mesmo o constituir crime – referimo-nos ao *insider trading*, crime que se traduz, " *(...) genericamente, no acto de disposição de uma informação privilegiada por certa pessoa*", agravado pelo facto de o sujeito em causa poder ser sócio e até titular de um órgão social de uma sociedade anónima cotada: "(...) o vendedor [de valores mobiliários em manifesto abuso de informação privilegiada] pode ser , por exemplo, titular de um órgão da entidade emitente a que os activos respeitam [com isso provocando um prejuízo] a um accionista da própria sociedade emitente", FREDERICO DE LACERDA DA COSTA PINTO, "O novo regime dos crimes e contra-ordenações no código dos valores mobiliários", Almedina, 2000, págs. 43 a 45.

[140] Veja-se que se estabelece a possibilidade de exclusão de sócio com fundamento no uso *inadequado* de informações da sociedade nas SNC e nas SQ, mas nada se refere acerca das SA (atente-se na diferença entre as redacções dos arts. 214.º n.º 6 e 291.º n.º 6, onde a utilização de informações por forma a causar prejuízo à sociedade é, neste último caso, apenas fundamento de responsabilidade civil).

âmbito de assembleia-geral ou para as quais seja necessária a detenção de um mínimo de 10% do capital social são as mais significativas).

Daí que se considere que o acesso e divulgação das informações assim obtidas – que se poderá dizer com abuso de direito[141] – quando causadora de prejuízos à sociedade pode fundamentar o direito de exclusão. Di-lo a própria lei no art. 214.º n.º 6: "O sócio que utilize as informações obtidas de modo a prejudicar injustamente a sociedade ou outros sócios[142] é responsável, nos termos gerais, pelos prejuízos que lhes causar e *fica sujeito a exclusão*", usando o legislador a mesma formulação que usara já para as SNC, no art. 181.º n.º 5.

---

[141] "Há abuso de direito quando o titular activo excede manifestamente os limites impostos pelo fim social e económico desse direito", CAPÊLO DE SOUSA, "Teoria geral do direito civil", volume I, Coimbra editora, 2003, pág. 203.

[142] Entendem alguns autores que no caso de uso indevido de informações – obtidas no seio da sociedade e no exercício do direito de informação por parte do sócio – de que resultem prejuízos para *os outros sócios* não estaremos perante uma possibilidade de exclusão, porque nesse caso o conflito de interesses existente não se subsume ao típico conflito que está na base da atribuição à sociedade de um direito de excluir o sócio. Haverá direito de exclusão nos casos em que o sócio, com o seu comportamento ou pela situação em que recaiu, dificulta, impossibilita ou prejudica seriamente a prossecução do interesse social, *leia-se*, do interesse que a sociedade tem em prosseguir o seu objecto e o seu fim. Subjacente a esta ideia estará então um conflito entre a concreta pessoa do sócio e o interesse social, *representado* pela sociedade. E em alguns casos (os previstos na lei ou estabelecidos validamente no contrato) esse conflito em tais moldes identificado resolve-se por atribuição à sociedade do direito potestativo de afastar o sócio, altura em que prevalece o seu interesse em detrimento do interesse deste (em permanecer na sociedade). Daí que, no caso em análise, o que teremos será um conflito entre um sócio e outro ou outros sócios. Defender um direito de exclusão neste caso será permitir que a sociedade venha resolver um conflito alheio, "Equivaleria a conferir à sociedade o papel de árbitro numa contenda que não lhe diz respeito", como defende CAROLINA CUNHA, "A exclusão de sócios...", ob. cit., pág. 213. Em conformidade com este pensamento seria de proceder a uma interpretação restritiva da norma em causa. Se o sócio utilizar informações de forma abusiva e com isso prejudicar os demais sócios pode haver lugar à responsabilização nos termos gerais (sobretudo relevante em termos indemnizatórios), mas já não exclusão. Esta não parece ser, no entanto, a leitura de COUTINHO DE ABREU, "Curso..." ob. cit., que não procede à distinção para os casos em que se prejudiquem os outros sócios – veja-se, a este respeito, a pág. 430 – sem prejuízo de, a certa altura, parecer diagnosticar que, na norma em causa, apenas há violação do interesse social quando o uso das informações obtidas prejudica a sociedade – veja-se a este respeito a pág. 290. Ora, sendo assim e partindo da ideia de que o direito de exclusão surge como forma de tutela do interesse social, teríamos de optar pela leitura que afasta tal direito no caso de haver prejuízo para os demais sócios, não obstante este caminho conduzir a uma exacerbação da vertente institucionalista do interesse social.

3.3.5. O regime geral da exclusão de sócio nas SQ

O regime geral da exclusão de sócio nas SQ encontra-se regulado nos arts. 241.º e 242.º CSC, sendo que agora se autonomizam em duas disposições distintas a exclusão convencional e legal, por um lado, e a exclusão judicial[143], por outro. Por isso se deve efectuar um tratamento diferenciado das questões em causa, iniciando a análise da hipótese prevista no art. 241.º, onde se estabelecem duas possibilidades: a exclusão pode ocorrer nos casos em que a lei expressamente o permita – arts. 204.º, 210.º e 214.º – e ainda nos casos em que o contrato de sociedade o preveja. Neste caso, porém, a previsão contratual apenas poderá fundamentar hipóteses de exclusão que digam respeito à pessoa dos sócios ou a um seu comportamento, contanto que esses casos estejam determinados e fixados com toda a precisão no contrato de sociedade, atentos os efeitos que produzem na esfera jurídica do sócio a excluir.

ARTIGO 241.º
Exclusão de sócio

1– Um sócio pode ser excluído da sociedade nos casos e termos previstos na presente lei, bem como nos casos respeitantes à sua pessoa ou ao seu comportamento fixados no contrato.

2– Quando houver lugar à exclusão por força do contrato, são aplicáveis os preceitos relativos à amortização de quotas.

3 – O contrato de sociedade pode fixar, para o caso de exclusão, um valor ou um critério para a determinação do valor da quota diferente do preceituado para os casos de amortização de quotas.

No que diz respeito aos casos previstos na lei foi feita já uma análise sobre a sua previsão, pelo que dispensaremos agora atenção aos casos de

---

[143] Exclusão judicial que para as SNC apenas é forma exigida de proceder à exclusão no caso de a sociedade ser constituída apenas por dois sócios, nos termos do art. 186.º n.º 3 CSC. O facto de ser judicial apenas nos revela a forma pela qual tal direito tem obrigatoriamente de ser exercido. O facto é que no n.º 1 deste artigo se estabelece uma causa ou fundamento legal de exclusão, ainda que através de uma cláusula geral e de vários conceitos indeterminados. No entanto, se tais conceitos se encontrarem verificados haverá direito de exclusão, tal como sucede nos demais casos previstos na lei, diferindo unicamente o modo pelo qual é exercido.

exclusão fundada no pacto, nas situações em que sejam os próprios estatutos da sociedade a prever a consequência da exclusão para determinadas situações.

Como já referido, a previsão contratual apenas poderá incidir sobre a pessoa do sócio ou sobre um seu comportamento – com isto permite-se inclusivamente mais do que é permitido no caso de exclusão judicial, onde os factos relativos à pessoa do sócio não relevam e onde os factos relativos ao comportamento apenas relevam se forem desleais ou gravemente perturbadores do funcionamento da sociedade[144].

No que diz respeito aos casos relativos à *pessoa* do sócio e partindo da ideia de que apenas haverá exclusão quando haja um potencial conflito entre este e a sociedade – em termos de não ser exigível que esta suporte a presença daquele – parece ser de admitir que se estabeleça a exclusão nas hipóteses em que, por qualquer motivo, o sócio fique impossibilitado de gerir por si a sua participação na sociedade e de dar o seu contributo para esta. Relembre-se que o contrato de sociedade, nos termos do art. 980.º CC, pressupõe a existência de "exercício em comum" de determinada actividade, pelo que poderá haver exclusão nos casos em que esse exercício em comum esteja impossibilitado pela concreta situação jurídica em que recaiu um sócio. Assim se explica a possibilidade de exclusão nos casos de interdição, inabilitação, alcoolismo, toxicodependência[145], perda de certa qualidade ou condenação por certos crimes[146].

---

[144] Pelo que parece admitir-se que o contrato de sociedade estabeleça casos em que as exigências para a exclusão sejam menos apertadas do que os casos de exclusão judicial. Aumentam-se desde logo os casos em que pode ocorrer exclusão aos factos relativos à pessoa do sócio, da mesma forma que não se estabelecem exigências, para além da previsibilidade e determinação, para as situações de exclusão fundadas no comportamento do sócio. No entanto, haverá sempre o limite da impossibilidade de exclusão por cláusula *ad nutum*, absolutamente injustificada ou que não tenha qualquer relação com o interesse social. Aliás, a configuração do direito de exclusão implica, por si só, a necessidade de existência de um conflito entre o sócio e a sociedade, pelo que na inexistência desse conflito, quer ele tenha maiores quer menores proporções, parece injustificado sustentar um direito convencional de exclusão que redundaria, em certos casos, num poder discricionário da sociedade limitativo da liberdade de iniciativa económica.

[145] Tudo casos em que, por razões óbvias, o sócio deixa de poder dar o seu contributo para a realização do fim social, deixando de poder exercer convenientemente os direitos e de cumprir as obrigações correspondentes à sua participação social, COUTINHO DE ABREU, "Curso...", ob. cit. pág. 432.

[146] ALBINO MATOS, "Constituição de sociedades, teoria e prática", 5.º edição, págs. 206 e 207.

Já no que diz respeito ao *comportamento* do sócio a exclusão terá uma função compulsória e sancionatória. Trata-se de uma cláusula contratual inicialmente incluída no contrato de sociedade aquando da sua elaboração, ou posteriormente introduzida com o acordo unânime de todos os sócios (art. 233.º n.º 2, aplicável por remissão do art. 241.º n.º 2 CSC), pelo que estes estarão cientes dos seus efeitos e não estarão completamente desprotegidos no que diz respeito à cognoscibilidade e compreensão da cláusula e do seu alcance – daí as menores exigências se compararmos o regime da exclusão convencional com o regime quer da exclusão legal quer da exclusão judicial. Aqui são os próprios sócios que chegam a acordo sobre situações que, a verificarem-se no futuro, implicam a possibilidade de exclusão[147]. Entre as possibilidades de inclusão no contrato de causas de exclusão de sócio teremos os casos de aproveitamento em benefício próprio de oportunidades de negócio da sociedade, apropriação ilícita de bens sociais, a revelação de segredos da organização da sociedade a concorrentes, actos de concorrência desleal, ou mesmo assédio sexual a trabalhadores da sociedade[148].

Como vários autores afirmam haverá um limite inultrapassável: "É hoje em dia pacífico que está vedado aos sócios pactuar um direito absoluto e discricionário de exclusão ou uma disposição que permita a exclusão por simples deliberação maioritária *ad nutum*"[149], o que se compreende atentas não só as necessidades de determinação da cláusula em concreto, como ainda as exigências que se colocam tendo em conta as consequências práticas a que o seu exercício conduz, como ainda os interesses que subjazem à existência desta figura jurídica. A deliberação maioritária *ad nutum* não só é injustificadamente atentatória da posição jurídica do sócio como é sobretudo contrária à *ratio* da previsão deste instituto: ele surge como modelo de resolução de um conflito, não fazendo

---

[147] Não se pode deixar de ver nesta hipótese uma predominância do elemento contratual sobre o elemento institucional, que fundamenta a possibilidade de serem os próprios sócios a introduzir casos de exclusão, se bem que não se coloque de todo de parte a consideração da pessoa jurídica que é a sociedade, desde logo porque apenas se admite tal previsão nos casos em que o comportamento do sócio afecte a própria sociedade, causando-lhe prejuízos – ou seja, não basta que o comportamento do sócio cause prejuízos aos outros sócios.

[148] Exemplos mais uma vez recolhidos em COUTINHO DE ABREU, "Curso...", ob. cit. pág. 431.

[149] CAROLINA CUNHA, "A exclusão de sócios...", ob. cit. pág. 217, com referências a autores com idêntica opinião, nota 36.

sentido que exista em casos em que ele, de todo não se verifique. Se tivermos como ponto de partida o regime legal previsto pelo legislador para todos os tipos societários poderemos aperceber-nos dos interesses que subjazem à criação deste direito potestativo: ele não visa satisfazer um poder discricionário da sociedade em afastar quem, em determinado momento, não sirva os seus imediatos interesses, antes surge como *ultima ratio*, como resposta para uma situação insustentável em que haja um tal conflito ou choque de interesses que o livre desenvolvimento das duas pessoas em causa seja incomportável com a permanência do sócio na sociedade. A possibilidade de exclusão fundada no contrato terá igualmente de respeitar estes interesses, não podendo ser um meio de frustrar as intenções do legislador, ou de introduzir desvios tais no regime que desfigurem por completo a figura jurídica em causa. A possibilidade que se confere aos contraentes de inserir no contrato um direito de exclusão apenas se justifica tendo em conta a eventual ocorrência de factos não previstos taxativamente na lei que podem fundamentar um interesse legítimo dos sócios, tendo em conta a configuração que estes façam da sociedade em causa. Ou seja, pode ser do interesse dos sócios, tendo em conta a feição marcadamente personalista que conferem à sociedade, a estipulação de cláusulas de exclusão em casos que estão para além dos expressamente previstos na lei, mas que se subsumam a uma *ratio* comum que se retira do regime legal. Daí que, para além das limitações que se retiram expressamente do preceito do n.º 1 do art. 241.º, seja de admitir que um outro limite à estipulação contratual se retire dos próprios interesses subjacentes ao direito de exclusão: a cláusula contratual que estabeleça o direito de exclusão a favor da sociedade quando em concreto não exista um qualquer conflito, por mínimo que seja, ter-se-á por nula por ser contrária à lei (ou ao seu espírito), nos termos do art. 280.º n.º 1 CC.

Por fim há que tentar perceber a relação que se estabelece entre a exclusão e a amortização de quotas, nomeadamente em face do n.º 2 do art. 241.º CSC. Sabemos já que são dois direitos que se distinguem funcionalmente, apesar de tenderem à produção do mesmo resultado, pelo que urge determinar a razão da remissão para o regime da amortização, no caso de a exclusão se fundamentar em cláusula contratual.

A questão coloca-se desde logo no que diz respeito à necessidade de deliberação. Será que devemos admitir que esta remissão para o regime da amortização funcione logo que se verificam os pressupostos da exclusão? Ou, em alternativa, funcionam num momento posterior, já depois de deliberada a exclusão, apenas como resposta ao problema de saber o que fazer com a participação social que fica, nesse caso, sem titular?

Poderíamos entender a remissão em causa como um *posterius*, defendendo, com CAROLINA CUNHA, que o regime da amortização de quotas "só se destina a operar na fase seguinte à tomada de deliberação de exclusão pela colectividade de sócio"[150], funcionando como solução para o problema de saber o que fazer com a participação social do sócio excluído. Faria sobretudo sentido a norma do art. 231.º n.º 5, onde se refere que a sociedade pode não só amortizar como adquirir ou fazer adquirir a participação social por sócio ou por terceiro. No entanto, admitir este entendimento implica a dificuldade de determinar a tramitação relacionada sobretudo com a deliberação de exclusão. É que sendo o direito de exclusão um direito da sociedade fácil é admitir a necessidade de uma deliberação para que esta se efectue, de forma a que se manifeste a vontade daquela em exercer esse direito. Pode sempre defender-se que a necessidade de deliberação decorre do disposto no art. 246.º n.º 1 b), onde a mesma é prevista para o caso de exclusão de sócio, sem aí se diferenciar as formas pelas quais ela se tenha de verificar: ou seja, tanto no caso de exclusão legal como nos casos de exclusão judicial haverá sempre a necessidade de deliberação. No que diz respeito à exclusão judicial é a própria lei que reafirma esta necessidade, que pelas especificidades da figura em causa cuidou de tratar especificamente no n.º 2 do art. 242.º. Porém, uma outra interpretação é possível.

A remissão para o regime da amortização de quotas pode não se destinar a operar apenas na fase seguinte à tomada de deliberação por parte da sociedade. Pode aliás verificar-se a aplicação do seu regime logo que se verifiquem os pressupostos da exclusão, pelo que será de aplicar imediatamente o art. 234.º no que respeita à necessidade de deliberação. E seguir este entendimento permite inclusive a determinação de um prazo dentro do qual pode ser deliberada a exclusão – a partir do momento em que a sociedade toma conhecimento do facto constitutivo desse direito (n.º 2 do art. 234.º) – sem ter de recorrer a expedientes como a interpretação analógica.

---

[150] CAROLINA CUNHA, "A exclusão de sócios...", ob. cit. pág. 233.

3.3.6. Exclusão judicial de sócio

ARTIGO 242.º
Exclusão judicial de sócio

1– Pode ser excluído por decisão judicial o sócio que, com o seu comportamento desleal ou gravemente perturbador do funcionamento da sociedade, lhe tenha causado ou possa vir a causar-lhe prejuízos relevantes.

2 – A proposição da acção de exclusão deve ser deliberada pelos sócios, que poderão nomear representantes especiais para esse efeito.

3 – Dentro dos 30 dias posteriores ao trânsito em julgado da sentença de exclusão deve a sociedade amortizar a quota do sócio, adquiri-la ou fazê-la adquirir, sob pena de a exclusão ficar sem efeito.

4 – Na falta de cláusula do contrato de sociedade em sentido diverso, o sócio excluído por sentença tem direito ao valor da sua quota, calculado com referência à data da proposição da acção e pago nos termos prescritos para a amortização de quotas.

5 – No caso de se optar pela aquisição da quota, aplica-se o disposto nos n.ᵒˢ 3 e 4 e na primeira parte do n.º 5 do artigo 225.º.

No artigo transcrito prevê-se a possibilidade de o direito de exclusão se efectivar mediante decisão judicial[151]. Neste caso a sociedade recorre ao tribunal propondo acção de exclusão a fim de que seja a própria sentença e já não a deliberação social a produzir a exclusão[152]. Fácil é de ver, portanto, que se trata de um expediente que tende a ser utilizado quando não exista norma legal ou cláusula contratual válida que estipule

---

[151] Melhor se diria *com o concurso* de uma decisão judicial. Na verdade não é a decisão judicial que promove a exclusão do sócio. Antes, terá de haver uma deliberação social que proponha a acção judicial, devendo depois de transitada em julgado a acção de exclusão ser ainda deliberada a amortização ou aquisição da quota pela sociedade ou por terceiro, "sob pena de a exclusão ficar sem efeito". Ou seja, a particularidade reside aqui no facto de não bastar uma deliberação social para produzir a exclusão.
[152] O que é duvidoso em face do n.º 3 do mesmo artigo.

um direito de exclusão a favor da sociedade, o que o torna um mecanismo bastante útil[153]. É que, ainda que naqueles casos a exclusão opere por mera deliberação, não sendo necessário o recurso ao tribunal, a verdade é que, como vimos, os casos de exclusão legal ocorrem em situações contadas, atentas as consequências que produzem na esfera jurídica do sócio a excluir. Por sua vez, os casos de exclusão convencional nem sempre conseguem prever comportamentos futuros que possam fundamentar o accionamento de tais cláusulas. Daí que o legislador tenha pensado, como *ultima ratio*, o recurso ao tribunal que, melhor do que ninguém, estará em condições de se pronunciar acerca do conflito de interesses que é levado perante si. Neste caso não é o legislador que resolve esse conflito pela atribuição à sociedade do direito de excluir o sócio por simples deliberação, é o tribunal que faz o papel de árbitro, verificando e avaliando os pressupostos de que o art. 242.º faz depender a exclusão.

Na verdade, não é qualquer comportamento do sócio que permite a procedência de uma acção de exclusão intentada pela sociedade, sendo o art. 242.º bastante restritivo no que diz respeito a essa possibilidade. Terá de se tratar, desde logo, de um comportamento (1) desleal[154] ou (2)

---

[153] Desde logo porque se consubstancia numa cláusula geral que utiliza vários conceitos indeterminados e que permitem ao juiz o controlo da sua verificação no caso concreto, sendo ele, *a final,* quem está em melhor condição para resolver o conflito de interesses que dissemos estar subjacente ao instituto do direito de exclusão. De resto, a consagração de uma cláusula geral como esta para as sociedades de capitais (para quem entenda que a SQ é ou pode ser moldada em termos capitalísticos) coloca o ordenamento jurídico português entre os mais avançados no que diz respeito ao regime da exclusão, granjeando desta forma elogios por aqueles que se dedicam ao estudo desta matéria. A este respeito escreve Mercedes Sánchez Ruiz, "La facultad de exclusión de sócios en la teoría general de las sociedades" Thomson, Civitas, 2006, pág. 132, "La incorporación de una cláusula general de exclusión para infracciones graves del deber de fidelidad, a nuestro juicio, constituye una solución que incrementa considerablemente la utilidad del instituto y le permite cumplir mejor la finalidad que le es propria, esto es, la tutela del interés social.","En nuestro sistema, ante la falta de un reconocimiento legal equivalente (cfr. art. 98 LSRL), creemos que debe considerarse admisible (e incluso puede que aconsejable) la incorporación de una similar cláusula general de exclusión en los estatutos sociales de una sociedad limitada".

[154] "O dever de lealdade exige do sócio que não contrarie o interesse social no seu comportamento enquanto sócio", Pedro Pais de Vasconcelos, "A participação social nas sociedades comerciais", Almedina, 2006, 2.ª edição, pág. 325, mas "nem toda a violação do dever de lealdade funda a exclusão do sócio", pág. 353. Para compreensão da deslealdade como fundamento de exclusão ver", Pedro Pais de Vasconcelos, "A participação social...", ob. cit., pág. 352 a 364.

gravemente perturbador do funcionamento da sociedade, que (3) lhe cause prejuízos actuais ou potenciais[155-156]. Sobre a sociedade recai agora o dever de fazer a prova dos factos constitutivos do direito que alega, nos termos do art. 342.º CC, cabendo ao tribunal avaliar a subsunção do concreto comportamento do sócio (e já não aos factos relativos à sua pessoa) aos conceitos indeterminados previstos no artigo, devendo igualmente avaliar a existência de prejuízos actuais, ou da possibilidade de virem a existir no futuro, em consequência do comportamento do sócio.

Igualmente relevante é a determinação do prazo em que a acção deve ser intentada mediante a respectiva deliberação social, já que o sócio não deve ficar indefinidamente em posição de incerteza quanto à possibilidade de ver recair sobre si uma acção de exclusão por uma acção que cometeu. A verdade é que o art. 242.º relativo à exclusão judicial de sócio não refere nada mais para além de que "a proposição da acção de exclusão deve ser deliberada pelos sócios, que poderão nomear representantes especiais para o efeito". Perante isto podemos questionarmo-nos qual o prazo a respeitar antes da prescrição do direito de deliberar a proposição da acção de exclusão.

Uma das possibilidades seria precisamente aplicar por analogia o prazo de 90 dias previsto no art. 254.º n.º 6, relativo à destituição de gerente. Porém, como bem denota a decisão do STJ – 03A323 JSTJ000 de 07-10-2003[157] tal prazo não será de aplicar porque "no caso da destituição do gerente, com justa causa, (…), qualquer sócio a pode requerer intentando acção contra a sociedade, nos termos conjugados dos arts. 254.º, n.º 1 e 5 e 257.º, n.º 1, do C.S. Comerciais", enquanto que "O direito à exclusão de um sócio pertence (…) à sociedade e não aos

---

[155] Vejam-se a este propósito os casos que dissemos ser fundamento possível de cláusulas de exclusão quando tratamos os casos de exclusão convencional, *supra*, ponto 3.3.5.

[156] A verificação de prejuízos é igualmente pressuposto da existência do direito de exclusão judicial, como aliás se pode ver no acórdão do tribunal da relação de Lisboa n.º 9849 de 13-02-2007, disponível em http://www. dgsi. pt/jtrl. nsf/33182fc732316039802565fa00497eec/ 3efc64125fe53bb3802572a4003b4986? OpenDocument, onde se julgou improcedente a acção de exclusão judicial por não se ter provado a existência de prejuízos.

[157] Consultado em: http://www. dgsi. pt/jstj. nsf/ 954f0ce6ad9dd8b980256b5f003fa814/08f43c6092693bd880256dff0038af91? OpenDocument

sócios". "Por esse motivo, o conhecimento anterior pelos sócios ou sócio de factos que consubstanciem comportamento desleal ou gravemente perturbador do funcionamento da sociedade praticados por um outro sócio, não lhes dá legitimidade para isolada ou conjuntamente intentarem a referida acção."

No entanto, uma outra hipótese se afigura possível. No caso de se tratar de exclusão com fundamento no contrato de sociedade o prazo em que esta deliberação deve ser tomada é de 90 dias contados do conhecimento de algum gerente da sociedade do facto que permite a exclusão, de acordo com o art. 234.º n.º 2, por remissão do art. 241.º n.º 2, solução esta cuja aplicação analógica se nos afigura de maior acerto, tendo em conta a já citada condição do sócio a excluir e a necessidade de não prorrogar indefinidamente a sua situação de incerteza.

Por isso não podemos deixar de manifestar o nosso desacordo total com a solução propugnada no acórdão citado onde se defende que, na impossibilidade de aplicar por analogia o prazo estabelecido na lei para a destituição de gerentes, apenas valerão os prazos ordinários de prescrição: "Quer isto dizer, que a sociedade não está obrigada a obedecer a qualquer prazo especial para o exercício do seu direito de exclusão de sócio". "Terá de ter em conta tão só o prazo ordinário de prescrição de 20 anos, previsto no art. 309.º do C. Civil (…)". Mas o acórdão vai mais longe, tal como a nossa discordância, referindo que da aceitação do prazo de 20 anos para intentar a acção de exclusão "…não resulta, porém, qualquer prejuízo para o sócio, que se encontre na referida situação, pois o mesmo pode pedir, como se disse, a sua exoneração – com base no art. 240.º n.º 1 b) –, com amortização quase imediata da sua quota, nos termos do n.º 3 do art. 240.º do C. S. Comerciais ou esperar pelo exercício do direito de exclusão pela sociedade, no decurso do prazo ordinário de prescrição, para se defender dos factos, que determinaram a deliberação de exclusão".

Ou seja, o acórdão em análise, depois de defender que um determinado sócio que teve um comportamento que eventualmente possa ser considerado desleal ou gravemente perturbador do funcionamento da sociedade terá de esperar 20 anos para ficar livre da possibilidade de vir a ser expulso da mesma, defende ainda que este terá, em contrapartida, a possibilidade de se exonerar da sociedade, nos termos do art. 240.º n.º 1, b). Vejamos que consequências adviriam da aceitação desta tese quando analisarmos, no ponto seguinte, o direito de exoneração em caso de não exclusão fundada em justa causa.

A plena eficácia da exclusão não se basta, ao contrário do que se possa pensar, com a mera proposição da acção efectuada por deliberação social (242.º n.º 2) e consequente sentença judicial transitada em julgado. Utilizando uma formulação um pouco dúbia, refere o legislador que a sentença apenas se torna eficaz, uma vez transitada em julgado, se a sociedade deliberar, "Dentro dos 30 dias posteriores ao trânsito em julgado da sentença de exclusão" a amortização ou a aquisição da quota, por sócio ou por terceiro[158].

No que diz respeito à contrapartida pode suceder que o contrato de sociedade estabeleça um modo para o seu cálculo que se consubstancie numa forma diferente daquela que é usada para os casos de amortização e que vimos corresponder ao valor real da quota. Tal interpretação retira-se do disposto no art. 242.º n.º 4 e compreende-se tendo em conta a *ratio* que está subjacente a toda a figura da exclusão judicial. Esta configura uma cláusula geral de exclusão que se reconduz à existência de um justo motivo ou de uma justa causa – parte aliás do entendimento de que será sempre possível pôr termo a uma relação duradoura no caso de haver justa causa para o efeito – e que permite o afastamento de um sócio como forma de resolver um conflito subjacente quando a presença daquele se torne de tal forma insustentável que essa seja a forma possível e restante de salvaguardar a continuidade da sociedade. Daí que se entenda que a exclusão judicial opera como uma *sanção* para o sócio que impede ou dificulta a prossecução do fim social[159], o que vem a ter reflexos ao nível da contrapartida a que ele terá direito. Aproximando-se este de um mecanismo sancionatório será mesmo de admitir que o contrato de sociedade estabeleça previamente que não haverá lugar ao pagamento de qualquer contrapartida, entenda-se, nos casos em que a exclusão haja de

---

[158] O que implica, de acordo com o acórdão do Tribunal da Relação do Porto n.º 9750453 de 02-12-1997, que "O sócio assim excluído mantém a sua qualidade de sócio até à amortização da sua quota, devendo ser convocado para a assembleia que a deliberar, podendo mesmo nela participar. A sua não convocação para esta assembleia acarreta a nulidade das deliberações nela tomadas – artigo 56.º n.º 1 alínea a) do Código das Sociedades Comerciais", disponível para consulta no endereço electrónico:
http://www.dgsi.pt/jtrp.nsf/c3fb530030ea1c61802568d9005cd5bb/eb7084ed691441378025686b006708fc?OpenDocument.

[159] Para exemplos de comportamentos desleais por parte do sócio que fundamentam o direito de exclusão a favor da sociedade ver PEDRO PAIS DE VASCONCELOS, "A participação social...", ob. cit., págs. 358 a 363 – o sócio corsário e o sócio flibusteiro; o sócio parasita; o sócio tirano; o sócio abutre; o sócio predador; o sócio assassino.

se operar por via judicial – e, consequentemente, onde exista uma justa causa que seja apreciada favoravelmente por um juiz.

3.3.7. O direito de exoneração em caso de não exclusão

O direito de exclusão de sócio tem nos seus antípodas o direito de exoneração. São duas figuras jurídicas que apesar de tão opostas nos seus pressupostos se revelam próximas nos seus efeitos: na exclusão, como sabemos, um sócio é expulso de uma sociedade contra (ou pelo menos independentemente d)a sua vontade, por ocorrência de um facto culposo (derivado do seu comportamento) ou não (que se verifica na sua pessoa) e porque é inexigível à sociedade que suporte a sua permanência. Na exoneração, pelo contrário, é o sócio que tem o direito de sair por ocorrência de um facto que torna inexigível a sua permanência.

Mas, sendo figuras jurídicas tão distintas, não só conduzem ao mesmo resultado – cessação da relação societária entre um concreto sócio e a sociedade – como estão mesmo interligadas no art. 240.º n.º 1 b). Aí se permite que havendo justa causa de exclusão (do sócio A) mas não ocorrendo a sua deliberação contra a vontade expressa de outro sócio (B), se atribua a este (B) o direito de se exonerar.

ARTIGO 240.º

Exoneração de sócio

1 – Um sócio pode exonerar-se da sociedade nos casos previstos na lei e no contrato e ainda quando, contra o voto expresso daquele:

   a) A sociedade deliberar um aumento de capital a subscrever total ou parcialmente por terceiros, a mudança do objecto social, a prorrogação da sociedade, a transferência da sede para o estrangeiro, o regresso à actividade da sociedade dissolvida;

   b) Havendo justa causa[160] de exclusão de um sócio, a sociedade não deliberar exclui-lo ou não promover a sua exclusão judicial.

   (…)

---

[160] Pensa-se que mais importante do que aquilo que a norma concede em termos expressos será os termos em que o faz. Ao referir a necessidade de uma *justa causa* de

E se substancialmente a solução é compreensível – não é justo exigir ao sócio a permanência numa sociedade que admite que o seu próprio interesse seja posto em causa, sem reagir –, não deixaremos de fazer um reparo à construção normativa e à interpretação da norma em causa. No n.º 1 do transcrito artigo refere-se a necessidade de existência de voto expresso (contra) por parte do sócio, configurando-o como requisito para a exoneração. Ou seja, será possível a exoneração de sócio quando se tiver verificado um daqueles casos identificados nas várias alíneas do artigo em causa, sempre que eles tenham sido deliberados "contra o voto expresso daquele". E se poucas dúvidas restarão no que diz respeito à primeira das referidas alíneas (a), em que de facto (pré)existe necessariamente uma deliberação que explica que o sócio que *votou contra* se possa exonerar – caso em que não lhe é exigível que permaneça na sociedade, atentas as alterações que ela passa a sofrer por efeito directo da deliberação tomada – o mesmo não se pode dizer relativamente à segunda das alíneas (b).

Imaginemos então que, ocorrido um determinado facto ou comportamento previsto na lei ou no contrato como causa de exclusão – que se reconduza a uma hipótese de justa causa – a sociedade nada faz. Ou seja, usando as palavras da lei, a sociedade não delibera excluir o sócio nem promove a exclusão judicial. Pergunta-se: como é que um determinado sócio pode *votar contra* esta inacção da sociedade – desta forma se exonerando – nos casos em que haja justa causa de exclusão e ainda assim a sociedade nada faça, tendo em conta que um dos pressupostos do seu direito é o de ter votado expressamente contra?

Poderemos configurar hipoteticamente duas situações distintas, partindo sempre da existência de uma justa causa de exclusão. No entanto o comportamento da sociedade em cada um dos casos é diferente:

Na primeira hipótese convoca-se a assembleia-geral para deliberar a exclusão do sócio, mas a maioria opta pela não exclusão – o sócio que votou expressamente contra (entenda-se, *contra* o sentido da maioria, *contra* a decisão de não exclusão; e não contra a deliberação, porque

---

exclusão levanta-se a possibilidade, defendida nomeadamente por MENEZES LEITÃO, "Pressupostos...", ob. cit. pág. 74-77, de a cláusula geral em causa ser de aplicar a todo o regime jurídico de exclusão, "aparecendo os casos especialmente previstos na lei como mera enumeração exemplificativa" de casos em que existe ou se presume existir essa justa causa. A consequência que da leitura desta norma se pode retirar é a de que para haver exclusão, qualquer que seja a sua modalidade, terá de se estar perante uma hipótese reconduzível a uma justa causa. Ver *infra*, ponto 3.3.9.

votar contra a deliberação de exclusão significaria, na prática, votar a favor da não exclusão e, nesse caso, não faz sentido que se atribua um direito de exoneração) tem o direito de se exonerar, porque não lhe é exigível que permaneça na sociedade quando um dos sócios teve uma atitude ou um comportamento lesivo do interesse social e quando ele próprio demonstrou, pelo sentido do seu voto, o interesse em que o sócio visado fosse afastado.

Mas pode configurar-se uma segunda situação: verificando-se uma justa causa de exclusão pode a sociedade nada fazer, não promovendo a deliberação necessária[161]. Nesse caso como é que o sócio se pode exonerar? E isto desde logo porque se atendermos tão-só à letra do artigo em causa parecem surgir como pressupostos da exoneração o facto de haver justa causa para exclusão de um determinado sócio, a sociedade não ter promovido a respectiva deliberação e ...o sócio que se pretende exonerar ter votado expressamente contra! Não tendo havido deliberação o sócio não pode sequer ter votado pelo que não se poderá exonerar, a não ser por via de provocar ele próprio a deliberação[162] e, em caso de não exclusão, aí sim, proceder nos termos acima expostos. Parece aliás ser essa a única hipótese que resta para se atribuir sentido útil à norma em causa, nos casos em que a sociedade não tenha promovido a deliberação: se o sócio que está inconformado com a presença de um outro, havendo justa causa para a sua exclusão, nada faz, como que se conforma com a sua presença, não tendo razões para pedir a exoneração.

Outra via interpretativa seria entender a expressão *"contra o voto expresso daquele"* num sentido amplo, entendendo-se não ser necessário que essa expressão assumisse a forma de voto tomado em deliberação, bastando uma manifestação factual e inequívoca de oposição por parte do

---

[161] Como refere JOÃO CURA MARIANO, "Direito de exoneração dos sócios nas sociedades por quotas", 2005, Almedina, pág. 81, "...a sociedade não tem o dever de proceder ou promover essa exclusão, podendo optar, conforme os seus interesses, por manter o sócio prevaricador na sociedade".

[162] Veja-se o disposto no acórdão 0550495 de 07-03-2005 do Tribunal da Relação do Porto, consultado em
http://www. dgsi. pt/jtrp. nsf/c3fb530030ea1c61802568d9005cd5bb/ a4b0f3dc5ab7133480256fcc003c5040?OpenDocument.

"Caso se verifique negligência ou relutância na convocação de uma Assembleia-geral para deliberação sobre esta matéria, o sócio interessado na exclusão tem ao seu dispor o mecanismo previsto no art. 375.º, aplicável *ex vi* dos n.º 1e 2, do art. 248.º, ambos do CSC, para desencadear este processo de decisão.", JOÃO CURA MARIANO, "Direito de exoneração dos sócios...", ob. cit., pág. 81.

sócio em relação à permanência do outro na sociedade: assim haveria direito de exoneração mesmo não tendo havido deliberação, sempre que um sócio tenha demonstrado que por sua vontade o sócio perturbador em causa não permaneceria na sociedade. Porém, tal entendimento, para além de não ter cobertura legal – e de ser mesmo contrário à letra do artigo em causa – sempre pecará por implicar um tratamento favorável a um sócio que não age ele próprio (despoletando o procedimento deliberativo) contra o facto que fundamenta a exclusão. Verificando-se tal facto, se sociedade não demonstrou interesse na sua exclusão, o sócio individualmente considerado poderá, se cumpridos os requisitos de que a mesma depende, convocar uma assembleia-geral subordinada à deliberação da exclusão. Dessa forma provoca a pronúncia por parte da sociedade, provoca a emissão de uma deliberação. E em face dela duas coisas podem suceder: ou a sociedade delibera a exclusão do sócio ou, deliberando a sua não exclusão (deliberação negativa), pode o sócio que votou expressamente contra (o sentido da maioria) exonerar-se da sociedade. E neste caso preserva-se igualmente a ideia de que sempre terá de existir uma deliberação para que exista exclusão, o que permite sustentar a defesa de que se trata de um direito da sociedade, direito que lhe é atribuído para resolver um conflito existente entre a sua pessoa e a pessoa do sócio.

Um último ponto se nos afigura de grande relevo, pois é esta a altura indicada para responder à questão que tínhamos deixado em aberto no ponto anterior. Agora que conhecemos os fundamentos e a razão de ser da existência de um direito de exoneração a favor de um sócio que tenha votado contra a não exclusão com justa causa de um outro sócio, será que podemos admitir que se faça valer desse mesmo direito o sócio a excluir? A questão coloca-se efectivamente na medida em que foi esta a posição do Supremo Tribunal de Justiça no processo citado *supra* (nota de rodapé n.º 157), o que pode trazer grandes inconvenientes para a sociedade no caso de os sócios decidirem aproveitar esta janela de oportunidade para saírem. Ao referir que o sócio a excluir está sujeito a um prazo de 20 anos de prescrição do direito de acção por parte da sociedade, o acórdão em causa refere que desse facto "...não resulta, porém, qualquer prejuízo para o sócio, que se encontre na referida situação, pois *o mesmo pode pedir, como se disse, a sua exoneração* – com base no art. 240.º n.º 1 b) –, com amortização quase imediata da sua quota, nos termos do n.º 3 do art. 240.º do C. S. Comerciais...".[163]

---

[163] Consultado em: http://www.dgsi.pt/jstj.nsf/954f0ce6ad9dd8b980256b5f003fa814/ /08f43c6092693bd880256dff0038af91? OpenDocument.

Pela nossa parte consideramos inadmissível tal entendimento atento o fundamento do direito de exoneração neste caso concreto. É óbvio que o sócio causador da situação que constitui justa causa de exclusão não pode invocar esse facto para se exonerar da sociedade. Não só constituiria manifesto abuso de direito como contrariaria mesmo a *ratio* da referida causa de exoneração, para além de ser, na verdade, uma solução dificilmente exequível.

Desde logo será constitutivo de um manifesto abuso de direito na medida em que o sócio se faz prevalecer de um comportamento incorrecto da sua parte, lesivo do interesse social, para abandonar a sociedade e receber uma contrapartida pela sua participação social. Dessa forma, o sócio que não tivesse oportunidade de sair por outra forma da sociedade poderia sempre adoptar acto ou conduta lesivos do interesse social para atingir aquele objectivo: ainda que a sociedade decidisse não o excluir ele ficaria com o direito de exoneração nos termos do art. 240.º n.º 1 b), num claro benefício ao infractor.

Por outro lado, tal entendimento não encontra sustentação na *ratio* da norma em causa que é, como se disse, a de proporcionar ao sócio que se opõe à manutenção do consócio prevaricador a possibilidade de sair, na medida em que não é justo exigir-lhe a permanência numa sociedade que admite que o seu próprio interesse seja posto em causa, sem reagir.

Por fim, a aplicação da solução propugnada no acórdão deparar-se--ia com dificuldades de ordem prática: como é concebível que um sócio tenha uma conduta prejudicial à sociedade e, em assembleia-geral em que se delibere a sua exclusão, se oponha a esta? É que um pressuposto indispensável da aplicação do art. 240.º n.º 1 b) é a de o sócio que se pretende exonerar ter votado contra a deliberação maioritária de não exclusão, o que desde logo não pode suceder no caso do sócio a excluir, entre outras, porque este está impedido de participar na deliberação, atenta a manifesta situação de conflito de interesses, art. 251.º n.º 1 d).

3.3.8. *Titularidade do direito e impedimentos de voto*

O que nos leva à questão da titularidade do direito de exclusão. Do art. 246.º retira-se que a exclusão de sócio é um direito da sociedade e não dos demais sócios, individualmente considerados, na medida em que se faz depender a validade dessa mesma exclusão de *deliberação social*. E é um direito da sociedade mesmo nos casos em que a exclusão se haja de efectivar por via judicial (ou com concurso de uma sentença judicial, como preferimos), na medida em que a proposição da acção "deve ser deliberada pelos sócios", nos termos do art. 242.º n.º 2.

ARTIGO 246.º

Competência dos sócios

1 – Dependem de *deliberação dos sócios* os seguintes actos, além de outros que a lei ou o contrato indicarem:

a) A chamada e a restituição de prestações suplementares;
b) A amortização de quotas, a aquisição, a alienação e a oneração de quotas próprias e o consentimento para a divisão ou cessão de quotas;
c) A **exclusão** de sócios;

(...)

Há ainda a registar que se estabelecem impedimentos de voto que afectam o sócio a excluir, pelo que ele não poderá participar na votação, art. 251.º n.º 1 d), por se tratar de uma situação onde existe um manifesto conflito de interesses:

ARTIGO 251.º

Impedimento de voto

1 – O sócio não pode votar nem por si, nem por representante, nem em representação de outrem, quando, relativamente à matéria da deliberação, se encontre em situação de conflito de interesses com a sociedade. Entende-se que a referida situação de conflito de interesses se verifica designadamente quando se tratar de deliberação que recaia sobre:

...
d) Exclusão do sócio;
...

A previsão deste impedimento de voto leva-nos à questão de saber quais as formas que pode revestir a deliberação de exclusão. Desde logo a deliberação de exclusão poderá ser tomada em assembleia-geral na qual pode inclusivamente participar o sócio a excluir, que mantém intacto o seu direito a participar na assembleia, nos termos do art. 248.º n.º 5. Já no que diz respeito às demais formas de deliberação as dúvidas serão maiores. Parece certo, porém, que não poderá ser tomada deliberação de exclusão *por voto escrito*, o que decorre de expressa previsão legal – art. 247.º n.º 8 –, nem deliberação *unânime por escrito*, que pela sua própria natureza implica que todos os sócios estejam de acordo – e no caso falta desde logo o acordo de um deles, porque o sócio a excluir está, já o sabemos, impedido de votar. Por isso, resta saber se poderá haver deliberação em sede de *assembleia universal*. Parece-nos que esta poderá ser, de facto, uma das formas que pode revestir a deliberação de exclusão, desde que se encontrem reunidos os requisitos e os seus pressupostos, ou seja, desde que se verifique "(1) a presença de todos os sócios, (2) o assentimento de todos os sócios em que a assembleia se constitua, (3) a vontade também unânime de que a assembleia a constituir delibere sobre determinado assunto"[164].

3.3.9. A eventual possibilidade de construção de um regime jurídico fundado na **justa causa** de exclusão

É actualmente pacífico que o direito de exclusão não pode funcionar como um instrumento que confere à sociedade o poder discricionário de excluir do seu âmbito determinado(s) sócio(s), sem que subsista uma (justa) causa que torne inexigível que esta tolere a manutenção de tal relação. Só perante situações demonstrativas de uma certa gravidade se pode permitir que, por exercício de um direito potestativo, se resolva um conflito subjacente por exclusão do sócio seu causador. No entanto, é difícil determinar os limites a partir dos quais tal direito deixa de ser possível, ou, ainda que o seja, o seu exercício se tenha de considerar abusivo. O abuso de direito constituirá sempre um limite ao exercício do direito de exclusão[165], podendo ser anulada a deliberação social quando se determine que um ou mais sócios apenas votaram favoravelmente a exclusão com intuito de prejudicar o sócio a excluir[166].

---

[164] PEDRO MAIA, "Deliberações dos sócios", in *Estudos de direito das sociedades*, AAVV, pág. 183.

[165] Assim como as cláusulas da ordem pública e dos bons costumes.

[166] Nos termos do art. 58.º n.º 1 b). Estaremos assim em presença de deliberação emulativa, cujos pressupostos são enunciados por PEDRO MAIA, "Deliberações dos sócios" ob. cit., págs. 211 a 213.

No entanto poderemos configurar um limite porventura mais concreto, que nos permite chegar à conclusão da validade ou invalidade do recurso à figura da exclusão como forma de resolver um determinado conflito. Referimo-nos à(o espírito da) norma do art. 240.º n.º 1 b). Aí se diz que, recorde-se, é concedido a qualquer sócio que se tenha oposto à permanência de um outro na sociedade o direito de exoneração quando havia *justa causa* de exclusão e, ainda assim, a sociedade não a promoveu. A lei olha agora para a questão da exclusão do ponto de vista do sócio ou sócios que nela estavam interessados e que demonstraram ser favoráveis a essa consequência, na medida em que, nesse caso concreto, o interesse destes vai no mesmo sentido do interesse da sociedade. Ou seja, se há fundamento para proceder à exclusão é porque o sócio em causa teve um qualquer comportamento ou recaiu numa qualquer situação que é lesiva da prossecução do interesse social. Em face de tal situação a sociedade tem a faculdade (direito potestativo) de afastar o sócio para salvaguardar o referido interesse. Não procedendo esta à exclusão está a admitir que esse interesse seja violado inconsequentemente, prejudicando-se a si própria e prejudicando, reflexamente, o interesse dos sócios que desejam realizar os objectivos que os levaram a entrar para a sociedade – os sócios que, pretendendo a prossecução do fim social, não podem desejar nada mais do que a exclusão do sócio que o impede. Considera-se por isso que havendo esse prejuízo causado por um sócio e que implica uma impossibilidade ou dificuldade de prossecução do interesse social se está a prejudicar igual e reflexamente a posição dos (demais) sócios, individualmente considerados, aqueles que para a sociedade contribuíram com a intenção de dela retirar os máximos proveitos. Nessa altura concede-se--lhes um direito de se exonerarem de uma sociedade com a qual não se identificam[167].

---

[167] Terá sentido, nestes termos, a tese defendida por AVELÃS NUNES, "O direito de exclusão...", ob. cit., págs. 56 a 59 e 273, que parte da ideia de que os sócios, quando decidem constituir uma sociedade, não podem deixar de ter desejado que a exploração da empresa se processasse nas melhores condições, o que implica a aceitação de uma cláusula de exclusão "que se deve entender tacitamente incluída em todos os pactos sociais". Na verdade, no âmbito da norma agora em análise pode retirar-se a ideia de que os sócios têm o direito de reagir contra os entraves à exploração da empresa ou, caso se prefira, à prossecução do fim social, e essa reacção existirá independentemente da previsão legal ou contratual expressa. Aliás, essa reacção, que culminará na possibilidade de exclusão, resultará mesmo da própria ideia de sociedade, do *exercício em comum* de determinada actividade que é estabelecida e aceita com a celebração do

Mas mais importante do que determinar os casos de exoneração com fundamento na não exclusão de um sócio é determinar o sentido e o alcance da expressão *"justa causa"*, pois só nos casos em que ela exista poderá haver tal direito (de exoneração, directamente, de exclusão, indirectamente).

Perante a redacção do art. 240.º, n.º 1 b) parecem ser de admitir (pelo menos) duas leituras diferentes no que diz respeito ao direito de exclusão em si:

(1) Haverá casos em que é admitida a exclusão sem justa causa[168] – e então se a sociedade não excluir o sócio em causa os demais não têm direito de se exonerar; ou,
(2) Todos os casos de exclusão têm de ser recondutíveis a uma justa causa, havendo consequentemente sempre direito de exoneração nos casos em que a sociedade não promova a exclusão.

Parece preferível, segundo cremos, esta segunda leitura, pelo que o direito de exclusão apenas deve funcionar nos casos em que exista justa

---

contrato. E para aqueles mais relutantes em aceitar a existência de uma cláusula inserida tacitamente em todos os pactos sociais sempre haverá a possibilidade de a extrair directa e indirectamente da celebração do contrato de sociedade, aquele pelo qual as partes se vinculam, no dizer do art. 980.º CC, "a contribuir com bens ou serviços para o exercício em comum de certa actividade económica". E dizemos indirectamente porque o contrato de sociedade apenas estabelece o que a lei permite (art. 980.º CC), sendo que esta exige o tal exercício em comum para que exista sociedade. Ora, se supervenientemente este exercício em comum é dificultado ou impossibilitado por um dos sócios parece que a partir desse momento passa a faltar um dos requisitos de existência da sociedade. E nesse mesmo momento duas consequências restarão: a dissolução da *sociedade* (acerca da possibilidade de dissolução causada por "desinteligências entre os sócios" ver RAÚL VENTURA, "Sociedades comerciais: dissolução e liquidação", vol. I, edições Ática, págs. 252 a 261) ou a exclusão do sócio. E esta segunda deve prevalecer sempre que seja medida bastante e suficiente para conferir de novo à sociedade a sua viabilidade, não se compreendendo que se exigisse a solução desproporcionada da dissolução, que afectaria todos os sócios, mesmo os que cumpriram as suas obrigações sociais – seria "fazer pagar os justos pelo pecador".

[168] E por isso o legislador se apressou a admitir a exoneração apenas nos casos em que exista tal justa causa. Dirão os adeptos de uma leitura mais literal que se apenas se admite a exoneração havendo justa causa de exclusão, casos haverá em que não existe essa justa causa e, havendo a possibilidade de se verificar tal exclusão, não haverá direito de exoneração se a sociedade não a deliberar ou promover. O problema encontra--se em sede de exclusão e não de exoneração: será admissível a exclusão de sócio que não se fundamente numa justa causa ou será de admitir que esta referência a uma justa causa funcione como que a rede de segurança do sócio contra os abusos da maioria?

III – Surgimento da Figura da Exclusão e a sua Sobrevivência ...   99

causa, o que se coaduna com a ideia de que não se trata de um poder discricionário da sociedade, surgindo sempre como procura de equilíbrio entre o interesse desta e o interesse do sócio: ora, só deve prevalecer o direito da sociedade quando haja justa causa, quando não seja de tutelar o interesse do sócio em permanecer na sociedade, restringindo dessa forma o seu direito de livre iniciativa económica – aliás, actuando este instituto com um intuito de resolução de conflitos não se admite como possa não procurar estabelecer tal equilíbrio, *leia-se*, entre o pólo individualista do sócio que pretende permanecer e o pólo comunitário representado pelos interesses da sociedade (pelo interesse social). Daí que a linha a partir da qual tal conflito deva ser dirimido pela atribuição à sociedade de um direito de exclusão seja marcada ou se identifique com a *justa causa* – assim, sempre que esta exista e sempre que pelos demais circunstancialismos que envolvam a factualidade ela não seja de afastar por valores superiores[169], surgirá um direito de exclusão a favor da sociedade.

Haverá que verificar então, caso a caso, se existe fundamento que se possa dizer justa causa de exclusão, quer se tratem de hipóteses legais[170] quer se tratem de hipóteses convencionais[171] de exclusão. A justa causa

---

[169] Vejamos um exemplo: O facto de se utilizar bens da sociedade em benefício próprio, com prejuízo daquela, pode, em abstracto, configurar uma justa causa de exclusão, mas em concreto podem verificar-se valores superiores que a afastem: imagine-se que o sócio em causa cumpriu sempre com as suas obrigações sociais e apenas se serviu de bens da sociedade por estado de necessidade. Será de admitir a possibilidade de exclusão neste caso, ainda que o sócio venha mais tarde a restabelecer o que tirou? A verdade é que a justa causa funcionará como um mínimo abaixo do qual não se pode descer, mas nem sempre funcionará como um máximo, podendo não bastar. Mas isto valerá apenas nos casos em que não haja lei nem cláusula contratual que estabeleça a consequência da exclusão, ou seja, apenas quando surja um conflito que seja de dirimir por um órgão jurisdicional, pois ao haver previsão anterior (legal ou contratual) o sócio fica desde logo avisado para a consequência do seu comportamento, com o qual passa a concordar. Não havendo previsão o sócio poderá invocar sempre a tutela da segurança jurídica pelo que a exclusão deverá ocorrer quando ela (a segurança), manifestamente, não haja de proceder contra o interesse da sociedade.

[170] Na verdade, todas as hipóteses legais que vimos, incluindo a cláusula geral de exclusão do art. 242.º n.º 1 se reconduzem a uma justa causa. Dai que a referência à necessidade de justa causa se justifique como salvaguarda, essencialmente, dos casos de exclusão previstos contratualmente.

[171] Domínio onde aliás a necessidade de uma justa causa se revela com maior premência, não só porque no que diz respeito às causas de exclusão legais o legislador tratou de configurar implicitamente um regime que se pode reconduzir a esse pressuposto,

está assim subjacente a todo o regime da exclusão, encontrando declaração expressa neste concreto artigo, o que apenas revela a intenção do legislador quando criou esta figura – a resolução de um conflito de interesses pela atribuição à sociedade, como *ultima ratio*, de um direito de exclusão, nos casos em que exista uma justa causa que torne inexigível que esta mantenha no seu seio um sócio que prejudica a prossecução do (seu) interesse social. O sócio que tem tal actuação viola desde logo deveres de lealdade[172], que existem em todos os tipos sociais[173] e que pela sua gravidade podem fundamentar um direito de exclusão[174].

3.4. Sociedades anónimas

No que diz respeito à sociedade anónima a verdade é que o legislador objectivamente não previu um regime de exclusão de sócio que lhe fosse directamente aplicável, o que se confirma pelo facto de não haver nenhuma norma onde se estabeleça expressamente a possibilidade de a sociedade anónima proceder à exclusão de um sócio que por qualquer motivo obste

---

mas igualmente por ser o domínio da liberdade contratual aquele que pode ser mais atentatório da posição jurídica das minorias, onde se necessita de uma intervenção mais cuidada de forma a diminuir ou eliminar as injustiças. É por isso que no direito italiano se refere expressamente a necessidade de qualquer cláusula contratual de exclusão se reconduzir a casos em que haja suficiente determinação e que se reconduzam, ainda, a uma justa causa. Assim, com fundamento no art. 2473–bis. cc, podem prever-se "*specifiche ipotesi di esclusione per giusta causa del socio*", GIUSEPPE STASSANO, MATTEO STASSANO, "Il recesso e l'esclusione del sócio...", ob. cit, pág. 114.

Da mesma forma esta necessidade de tutela encontra-se por remissão do art. 242.º n.º 2 para o regime da amortização de quotas, o que conduz a uma adaptação do art. 233.º n.º 2: um sócio só pode ser excluído com fundamento em cláusula contratual se esta já existia ao tempo da sua entrada na sociedade ou *se a introdução desse facto no contrato foi unanimemente deliberada pelos sócios*. Mas de qualquer forma apesar de ser de admitir uma larga margem de autonomia da vontade na sua fixação e regime não podem acolher-se "estipulações que coloquem o excluído numa situação de arbítrio", PINTO FURTADO, "Código comercial...", ob. cit., pág. 386.

[172] "O interesse social é o principal vector de orientação do dever de lealdade do sócio", PEDRO PAIS DE VASCONCELOS "A participação social...", ob. cit., pág. 330.

[173] PEDRO PAIS DE VASCONCELOS "A participação social...", ob. cit., págs. 312 a 315.

[174] "A divergência entre o interesse dos sócios e o interesse social, para ser relevante enquanto deslealdade social, tem de ser grave", PEDRO PAIS DE VASCONCELOS "A participação social...", ob. cit., pág. 327. Com a mesma opinião, AVELÃS NUNES, "O direito de exclusão...", ob. cit., págs. 169 a 188.

à prossecução da sua actividade. Mas será que com isto se quer dizer que neste tipo societário é impossível um sócio causar, voluntária ou involuntariamente, um prejuízo à sociedade que torne inexigível a esta suportar a sua permanência? E isso poderá sustentar-se em face de qualquer sociedade anónima, independentemente da sua dimensão, pelo simples facto de pertencer a esse tipo? Será que se pode invocar a sua natureza como paradigma das sociedades de capitais para obstar à mobilização de tal instituto? Será que neste tipo societário a desconsideração da pessoa dos sócios é tão radicalizada a ponto do elemento personalístico ceder absolutamente em face do elemento capitalístico? E sendo possível a exclusão ela relevará somente quando a conduta do sócio for violadora de parâmetros relacionados com a sua vertente capitalística[175], ou valerão igualmente causas de exclusão relacionadas com a pessoa ou conduta do sócio? E no silêncio da lei, valerá a autonomia das partes e a sua liberdade contratual (nomeadamente na vertente de livre modelação do conteúdo do contrato) de conformação de causas específicas de exclusão?

Tudo questões que actualmente se têm vindo a suscitar nos vários países onde vigora um regime específico para as sociedades anónimas ou sociedades por acções – como por vezes são designadas (por exemplo, em França) – devido ao facto de na maior parte destas legislações não se prever a existência de tal mecanismo para este tipo societário em concreto. Não obstante esse facto, parece haver a necessidade de configuração de um regime próprio da exclusão, que tem resultado as mais das vezes de criação doutrinal mas que tem encontrado apoio em determinadas normas legais do regime da SA.

Na verdade, existem normas no CSC português relativamente às quais se tem levantado a dúvida acerca da possibilidade de nelas estarem contidas, ainda que indirecta ou sub-repticiamente, hipóteses legais (ou possibilidades legais de estipulação contratual) do direito de exclusão de sócio nas sociedades anónimas. Referimo-nos aos arts. 285.º e 287.º[176].

---

[175] Nomeadamente o incumprimento da obrigação de entrada ou a violação de prestações acessórias de natureza patrimonial, quando previstas no contrato.

[176] Há ainda quem consiga ver uma hipótese suplementar de exclusão de sócio no art. 50.º CSC – artigo inserido na parte geral do código e por isso aplicável a todos os tipos sociais – para os casos em que se verifique uma invalidade do contrato de sociedade. Referimo-nos a RAÚL VENTURA e MARCELO MENDONÇA DE CARVALHO, "A exclusão de sócios...", ob. cit., págs. 121 a 123. Em certas situações o sócio fica com o direito de se exonerar da sociedade ou de requerer a anulação de todo o contrato, no caso de a primeira não ser possível. A exclusão surgiria, para estes Autores, como alternativa às

duas hipóteses enunciadas, apresentada pela sociedade ou por um sócio, mas sempre deliberada anteriormente pela sociedade, sempre que essa demonstre ser medida adequada a evitar a consequência jurídica a que a acção se dirige. Isto é, em face de uma acção judicial intentada pelo sócio a quem o invocado vício diz respeito, pode a sociedade requerer ao tribunal a homologação da medida da exclusão (no interesse do autor) em ordem a evitar a sua exoneração ou a anulação do contrato de sociedade. A exclusão recairia, obviamente, sobre outro sócio que eventualmente tenha sido o responsável pelo erro, dolo, ou coacção que fez surgir na esfera jurídica da vítima o direito de se exonerar. Nesse caso e uma vez proposta a acção para exoneração, pode a sociedade considerar que prefere ver sair o sócio *molesto* e manter o sócio *imolesto*, com o que afinal não está a fazer mais do que velar pela prossecução do interesse social. E como nada impede que tal conflito se verifique no seio de uma sociedade anónima (RAÚL VENTURA elaborou o seu pensamento tendo em consideração tão-só a sociedade por quotas) poderemos dizer que se trata na verdade de mais uma possibilidade de exclusão de sócio. Neste caso "(...) *a exclusão não é automática porque a sua aplicação, enquanto medida alternativa ao pedido efectuado pelo autor da acção, está sujeita a homologação pelo tribunal onde corre a acção, sendo certo que esta também não ocorre ipso jure. De acordo com o estabelecido no n.º 3 do artigo 50.º do CSC o tribunal só homologará a medida apresentada como alternativa ao pedido efectuado pelo autor se se convencer que esta, perante as circunstâncias do caso concreto, promove uma justa composição dos interesses em conflito, isto é, que satisfaça em concreto os interesses do sócio autor da acção e da sociedade que figura como ré nessa mesma acção"*, como refere MARCELO MENDONÇA DE CARVALHO, "A exclusão de sócios...", ob. cit., pág. 123. No entanto, não podemos de deixar de discordar com o Autor na medida em que este fundamenta o direito de exclusão no facto de este surgir como alternativa à dissolução da sociedade, que ocorreria por via da anulação do contrato (art. 52.º). Este pensamento não é válido para as sociedades por quotas e sociedades anónimas pois nestes tipos sociais o sócio que é vítima de alguma situação que condicione relevantemente a sua vontade tem apenas o direito de exoneração (art. 45.º n.º 1), ao contrário do que sucede nos tipos sociedade em nome colectivo e comandita simples, onde a anulação pode ocorrer se não for possível a redução do negócio às participações dos demais sócios (parte final do art. 46.º). Pelo que o fundamento da exclusão não é já a manutenção da sociedade, é antes a defesa do interesse social, quer porque a presença do sócio *molesto* não é desejada, quer porque a presença do sócio *imolesto* é essencial.

Porém, quem não admite que a exclusão possa ser usada pela sociedade para resolver um litígio que surge essencialmente entre os sócios (e numa esfera extra ou pré--societária) não pode deixar de criticar esta solução (como aliás se fez em relação à exclusão em sociedade por quotas com fundamento em utilização indevida de informação com prejuízo para outro sócio). Nestes termos não caberá à sociedade decidir qual o sócio que pretende manter, nem vir resolver um conflito que apenas incidentalmente lhe diz respeito. Nestes termos não é de admitir a exclusão de um sócio como forma de obstar à exoneração de outro, mas já nada impede que esse mesmo sócio venha a ser excluído, em consequência da sua conduta, por ter causado prejuízos à sociedade.

3.4.1. *O accionista remisso. Incumprimento da obrigação de realizar a entrada*[177]

Uma das normas de onde parece resultar um direito de exclusão é o art. 285.º n.º 4 CSC, onde se estabelece a perda das acções a favor da sociedade para os casos de incumprimento definitivo da obrigação de entrada por parte do accionista[178].

ARTIGO 285.º

Realização das entradas

(...)

4 – Os administradores podem avisar, por carta registada, os accionistas que se encontrem em mora de que lhes é concedido um novo prazo não inferior a 90 dias, para efectuarem o pagamento da importância em dívida, acrescida de juros, sob pena *de perderem a*

---

[177] O caso em análise é igualmente considerado no direito espanhol como uma hipótese (será mesmo a única com previsão legal) de exclusão nas sociedades anónimas, "la perdida forzosa de la condición de sócio que resulta de la amortización de las acciones del sócio que ha incumplido la obligatión de desembolso de los dividendos pasivos, en particular cuando la mora afecte *a todas las acciones* de las que era titular (art. 45. 2 LSA)", MERCEDES SÁNCHEZ RUIZ, "La facultad de exclusión de sócios en la teoría general de las sociedades" THOMSON, CIVITAS, 2006, pág. 96.

[178] O STJ já se pronunciou, através do acórdão 068672 de 08-07-1980 pela possibilidade de exclusão em sociedade anónima com este fundamento: "I – É legal a estipulação, constante dos estatutos de uma sociedade anónima de responsabilidade limitada, segundo a qual o conselho de administração tem a faculdade de optar pela exclusão dos accionistas que, depois de avisados, se tornarem remissos, revertendo a favor da sociedade as importâncias pagas, ou pela cobrança judicial das prestações em divida.", disponível para consulta em
http://www. dgsi. pt/jstj. nsf/954f0ce6ad9dd8b980256b5f003fa814/782f63b93ca1226b802568fc0039ad08?OpenDocument.
Aí se refere que: II – O aviso previsto nos estatutos deve anteceder a deliberação da exclusão e ser feito por carta registada, com indicação do prazo em que deverá efectuar-se a prestação em divida.
III – E a assembleia-geral o órgão competente para exercer o direito de exclusão do sócio remisso; ao conselho de administração, como órgão executivo e de gestão, compete tomar a iniciativa de optar ou não pela exclusão ou pela cobrança judicial das prestações em divida, de acordo com as faculdades reconhecidas nos estatutos.

favor da sociedade as acções em relação às quais a mora se verifique e os pagamentos efectuados quanto a essas acções, sendo o aviso repetido durante o segundo dos referidos meses.
(…)

A questão da exclusão levanta-se na medida em que, verificados os pressupostos que conduzem à aplicação da norma em causa, nomeadamente o incumprimento da obrigação de entrada relativamente a todas[179] as acções de que o sócio é titular, o resultado a que se chega resulta no fenómeno da perda da qualidade de sócio[180].

Para sabermos se é assim há que determinar, porém, o alcance da expressão «perda a favor da sociedade»[181], no sentido de verificar a sua recondutibilidade à figura jurídica da exclusão ou a outro qualquer expediente jurídico.

Comecemos por realçar que se trata, *grosso modo*, de norma idêntica ao art. 204.º n.º 1 CSC onde se estabelece, no âmbito das SQ, relembre-

---

[179] A hipótese só valerá nos casos em que um accionista esteja em mora relativamente a todas as acções de que é titular, na medida em que se já realizou (totalmente) as entradas relativamente a algumas delas não se pode considerar em mora (em relação a essas), logo, mesmo que as perca a favor da sociedade, permanece como sócio. E este parece ser um dos problemas da aceitação do caso como hipótese de exclusão de sócio, na medida em que neste tipo de sociedades terá de se pagar obrigatoriamente 30% do valor das entradas, podendo ser diferido o valor de 70%. Se esta norma for de aplicar a cada entrada em concreto e não à totalidade das entradas teríamos que cada sócio deverá realizar de imediato 30% do valor da sua entrada, pelo que a mora e o incumprimento apenas se referiria aos restantes 70%, ou o mesmo será dizer, nunca haverá a possibilidade de exclusão de sócio por intermédio de perda da totalidade das acções não liberadas, porque pelo menos 30% delas teriam de o ter sido. Veja-se o que se diz a este respeito no fim deste ponto (excurso).

[180] O sócio não pode permanecer como tal na sociedade sem a sua participação social. Sendo esta o conjunto unitário de direitos e deveres actuais e potenciais do sócio (enquanto tal), é igualmente representativa de uma concreta relação jurídica que se estabelece entre sócio e sociedade. Extinguindo-se essa relação extingue-se a qualidade de sócio. Aliás, não é mais do que isso o que sucede no caso de amortização de participações sociais.

[181] Marcelo Mendonça de Carvalho, "A exclusão de sócios…", ob. cit., págs. 99 e 100, é da opinião de que o facto de a perda das participações sociais não ditar, por vezes, a exclusão do sócio – porque ele detém outras acções inteiramente liberadas – foi determinante na opção do legislador de não se referir expressamente a esta situação como uma situação de exclusão, preferindo a expressão perda a favor da sociedade. Não obstante isto, tal denominação não invalida que existam casos em que substancialmente se esteja perante uma situação em que a perda das acções conduz à exclusão do accionista.

-se, "Se o sócio não efectuar, no prazo fixado na interpelação, a prestação a que está obrigado, deve a sociedade avisá-lo por carta registada de que, a partir do 30.º dia seguinte à recepção da carta, fica sujeito a *exclusão* e a *perda* total ou parcial *da quota*"[182]. Consequentemente e apesar das diferentes formulações, parece ser de admitir que se tratam de fenómenos idênticos, partindo dos mesmos pressupostos para afirmar a mesma conclusão: se os sócios não cumprirem a obrigação de entrada num determinado prazo que lhes é concedido, sujeitam-se à perda da qualidade de sócio[183], seja porque refere (expressamente) a exclusão, no caso do art. 204.º, seja porque se fala em perda das acções a favor da sociedade, no âmbito do art. 285.º n.º 4. Teremos por isso de analisar comparativamente o fenómeno da exclusão e o fenómeno de perda da participação social a favor da sociedade, no sentido de determinar a relação entre as duas figuras, do que dependerá a análise e conclusão pela via da aceitação ou rejeição da exclusão de sócio nos termos do art. 285.º n.º 4.

Sucede que no art. 204.º o legislador parece tratar de forma diferenciada uma e outra hipóteses, referindo-se a "exclusão e a perda (...) da quota". Logo por aqui seríamos levados a concluir que se tratarão de figuras jurídicas distintas, mercê da especificação diferenciada de que é objecto no artigo em análise: exclusão *e* perda da quota[184]. Há que determinar, no entanto, o alcance desta expressão. Será que o legislador pretendeu estabelecer alternatividade – exclusão ou perda da quota? Será que pretendeu estabelecer cumulatividade – exclusão e perda da quota? E dentro da hipótese anterior, será que pretendeu estabelecer sucessividade – exclusão e posterior perda da quota?

---

[182] Trata-se de uma medida, entre outras, que visam defender a correcta formação do capital social, como refere ALEXANDRE MOTA PINTO, "Do contrato de suprimento, o financiamento da sociedade entre capital próprio e capital alheio", Almedina, 2002, pág. 74: *"Basta ver os cuidados que o legislador põe no nascimento da sociedade, quer proibindo a remição total ou parcial da obrigação de entrada (artigo 27.º, n.º 1), quer dotando a sociedade de meios para compelir os sócios à sua realização – abrindo, até, a possibilidade de exclusão do sócio remisso (cfr. artigos 204.º e 285.º) –, quer impedindo a sobrevalorização das entradas em espécie dos sócios (cfr., artigos 28.º e 29.º), quer, por último, excluindo, neste tipo de sociedades, a precariedade e contingência das entradas de indústria (cfr. artigos 20.º, n.º 1 e 277.º, n.º 1)"*.

[183] Referimo-nos ainda à hipótese de o incumprimento se verificar em relação a todas as participações sociais de que o sócio é titular.

[184] Logo, a referência à perda das acções a favor da sociedade tanto pode, à partida, ser representativa da existência de um direito de exclusão como de uma objectiva perda das participações com fundamento distinto.

Na verdade, podemos defender a última das hipóteses como a mais correcta, recorrendo à voz autorizada de RAÚL VENTURA, que a este respeito referia que "não sendo o pagamento efectuado no prazo referido (...) pode a sociedade deliberar e comunicar ao sócio, por carta registada, a sua exclusão, com a *consequente*[185] perda a favor da sociedade da respectiva quota e pagamentos já realizados"[186]. Ou seja, tratam-se de figuras complementares.

E o mesmo Autor se apressa em acrescentar que "As quotas liberadas pertencentes ao titular da quota não liberada declarada perdida e favor da sociedade não são afectadas; nessa hipótese, o sócio não é excluído, pois mantém a quota liberada, mas perde a favor da sociedade a quota não liberada"[187].

Teremos então de concluir por uma de duas hipóteses: exclusão e perda da participação social a favor da sociedade são efeitos distintos mas interligados, de modo a transpor para o âmbito do art. 285.º o entendimento de que à perda das acções a favor da sociedade vai implícita a ideia de exclusão; Alternativamente, partindo do facto de haver situações em que há perda de participações a favor da sociedade mas em que o sujeito permanece como sócio – de onde decorre que havendo uma [perda da participação] não há necessariamente a outra [exclusão] – diríamos ser impossível retirar do art. 285.º uma hipótese de exclusão de sócio, mas apenas o que efectivamente resulta da sua letra, a perda das acções não liberadas a favor da sociedade.

Salvo melhor entendimento achamos que se devem diferenciar as situações. Partindo da perda de acções a favor da sociedade – assente na letra do art. 285.º – deve considerar-se que apenas existirá cumulativamente uma exclusão no caso de o sócio não ter cumprido a obrigação de entrada em relação a *todas* as acções de que é titular. Se ele mantém a titularidade de algumas acções permanece como sócio, perdendo as restantes a favor da sociedade. O mesmo sucede nos termos do art. 204.º n.º 1, no caso de o sócio deter mais de uma quota e só se verificar o incumprimento em relação a uma delas, no caso em que, mais uma vez

---

[185] Idêntico entendimento revelam SOVERAL MARTINS / MARIA ESLISABETE RAMOS, "As participações sociais", in *Estudos de direito das sociedades*, AAVV, 7.ª edição, Almedina, pág. 125.

[186] RAÚL VENTURA, "Sociedades por quotas – Comentário ao Código das Sociedades Comerciais", vol. I, 2.ª edição, Almedina, págs. 154 e 155.

[187] RAÚL VENTURA, "Sociedades por quotas...", ob. cit., pág. 161

o transcrevemos, "nessa hipótese, o sócio não é excluído, pois mantém a quota liberada, mas perde a favor da sociedade a quota não liberada". Na verdade, faz sentido que a exclusão apenas se verifique na situação mais gravosa para a sociedade, decorrente da não realização integral das entradas correspondentes à participação do sócio.

Fácil é de ver que o que diz uma norma não diz a outra, o que não significa que não pretendam dizer o mesmo. Por outras palavras, tentando clarificar: assim como a norma do art. 204.º se *"esquece"* de salvaguardar na sua letra o caso de o sócio deter mais do que uma quota, caso em que ocorrerá perda das participações não liberadas mas não exclusão, também o art. 285.º decorre de um *"esquecimento"*, mas precisamente o inverso, o de que se o incumprimento se verificar em relação a todas as acções não ocorrerá apenas perda das ditas participações, como ainda exclusão de sócio. O que sucede, no entanto, é que se trata de um fenómeno ao mesmo tempo objectivo e subjectivo da perda de qualidade de sócio[188], na medida em que se verifica uma perda das participações a favor da sociedade (fenómeno objectivo que leva à perda da qualidade de sócio por inexistência do objecto), ao mesmo tempo que se pode dizer que essa perda se fica a dever a um comportamento (negativo e subjectivo) do sócio, qual seja o não pagamento atempado e depois de notificado para o efeito do valor correspondente à totalidade da entrada com que se comprometera a participar.

Tal entendimento tem porém subjacente uma pré-compreensão do fenómeno da realização das entradas que é, no mínimo, discutível. E essa pré-compreensão está relacionada precisamente com a possibilidade de diferimento da realização de uma percentagem das entradas para um momento posterior. Dissemos não ser possível verificar-se a exclusão no caso de o sócio ter liberado integralmente uma

---

[188] A perda da qualidade de sócio pode reconduzir-se a um fenómeno objectivo quando, por exemplo, se procede a uma amortização compulsiva da totalidade das participações sociais, ou ainda quando se verifica uma perda destas a favor da sociedade. Estaremos em presença de um fenómeno subjectivo de perda da qualidade de sócio quando se procede a uma exclusão *tout court* ou em sentido próprio, da qual será paradigmática a exclusão fundada em comportamento do sócio que torne inexigível a sua manutenção na sociedade. Utilizando formulação idêntica para distinguir o fenómeno da amortização do fenómeno da exclusão, CAROLINA CUNHA, "A exclusão de sócios (em particular nas sociedades por quotas), *in* "Problemas de Direito das Sociedades", IDET, Almedina, págs. 222 e ss.

percentagem não inferior à totalidade de 30% das acções que subscreveu – ou seja, partimos da ideia de que é possível ao sócio realizar os 30% que a lei imperativamente estabelece como exigência mínima do cumprimento da obrigação de *pôr em comum*, liberando integralmente um certo número de acções De acordo com este entendimento se o sócio em causa subscreve 1 000 acções no valor de € 1 cada e tem de realizar no imediato 30% do valor da sua entrada, poderá pagar € 300 e com isso dizer que detém, sem mais, 300 acções integralmente liberadas[189]. É óbvio que nesse caso o sócio só estará em mora relativamente às restantes 700 acções pelo que, perdendo-as, permanece como sócio. De acordo com este entendimento um sujeito jamais seria excluído por esta via, não obstante os graves prejuízos que incontestavelmente a sua conduta represente numa sociedade de capitais, desde logo brigando com o princípio da correcta formação do capital social.

No entanto, não é este o único entendimento possível. Na verdade e apesar de não ser esta uma matéria muito debatida na doutrina, há quem defenda que a realização das entradas terá de dizer respeito a cada uma das participações sociais que o sócio subscreve. Retomando o mesmo exemplo, pagando o sócio os € 300 (30% da sua entrada) não adquire o direito a 300 acções, estando apenas a realizar apenas 30% de cada participação que subscreveu. Consequentemente, o sócio não se pode dizer titular de 300 acções integralmente liberadas, mas sim titular de 1000 acções das quais realizou apenas um valor igual a 30% de cada uma delas (ou seja, o sócio realizou € 0,30 [30 cêntimos] de cada uma das acções que subscreveu). E esta parece ser a melhor solução, aquela que salvaguarda a formação do capital social e que consequentemente tutela a posição dos credores da sociedade. De outra forma abre-se a porta a abusos cujos efeitos apenas são potenciados pelo facto de não se prever especificamente um regime que permita a exclusão do sócio remisso, permitindo-se que o sócio subscreva um número de acções em relação às quais não efectua o pagamento integral, não sendo possível excluí-lo por via da perda das participações em relação às quais se verifique

---

[189] É desta compreensão que parte MENEZES LEITÃO, "Pressupostos da exclusão...", ob. cit., pág. 70, quando diz que, nota 64, "Seja qual for a quantia que falte liberar o sócio manter-se-á como tal enquanto tiver uma acção liberada"

mora[190]. Porém, de acordo com o entendimento de que a realização das entradas diz respeito a cada uma das acções subscritas já se torna possível reagir contra a mora do sujeito por via da perda das participações sociais a favor da sociedade, fazendo agora sentido a referência à perda dos "pagamentos efectuados quanto a essas acções" do art. 285.º n.º 4. Daí que o sócio remisso perca não só o correspondente aos 70% não realizados como ainda os pagamentos correspondentes aos 30% que realizou imperativamente no momento da celebração do contrato.

3.4.2. A obrigatoriedade de efectuar prestações acessórias. Incumprimento

Uma outra situação onde surge igualmente a dúvida quanto à previsão ou permissão de inclusão no contrato de sociedade de um direito de exclusão de sócio resulta do art. 287.º n.º 4 CSC, relativo ao incumprimento do dever de efectuar prestações acessórias[191].

---

[190] Recorde-se que a responsabilidade de cada sócio se circunscreve "ao valor das acções que subscreveu", nos termos do art. 271.º, o que aumenta as exigências no que diz respeito à correcta realização da entrada. Este mesmo argumento pode ser igualmente mobilizado para criticar o regime entretanto surgido e que ficou conhecido na opinião pública como a «empresa» na hora. Não obstante a visível confusão entre empresa e sociedade, é de realçar que se derrogam certas regras que de certa forma desvirtuam o que se pensava ser o direito adquirido das sociedades comerciais. Para o que agora nos interessa chama-se a atenção para o art. 7.º n.º 2 do Decreto-lei 111/2005, de 8 de Julho, onde se parece afastar a regra da necessidade de realização imediata de 30% do valor das entradas, podendo ser diferida a totalidade do valor das entradas em dinheiro. Claro está que, neste caso, não sendo realizadas as entradas acrescerá à consequência do artigo citado a possibilidade de perda das participações sociais em relação às quais a mora se verifique (ou seja, a totalidade), com a consequente exclusão do sócio.

[191] Tratam-se de obrigações pessoais dos sócios que podem ficar consagradas nos estatutos, argumento que pode igualmente ser mobilizado para atenuar o tradicional carácter capitalístico da sociedade anónima, aliás posto igualmente em evidência, para o Brasil, por RENATO VENTURA RIBEIRO, "Exclusão de sócios..." ob. cit., pág. 41, e sobre que nos debruçaremos mais detalhadamente *infra* ponto 3. 4. 2. (parte III).

ARTIGO 287.º
Obrigação de prestações acessórias

1 – O contrato de sociedade pode impor a todos ou a alguns accionistas a obrigação de efectuarem prestações além das entradas, desde que fixe os elementos essenciais desta obrigação e especifique se as prestações devem ser efectuadas onerosa ou gratuitamente. Quando o conteúdo da obrigação corresponder ao de um contrato típico, aplicar-se-á a regulamentação legal própria desse contrato.
2 – (...)
3 – (...)
4 – *Salvo disposição contratual em contrário*, a falta de cumprimento das obrigações acessórias não afecta a situação do sócio como tal.
5 – (...)

O artigo em causa dispõe acerca da possibilidade de o contrato de sociedade *impor* aos accionistas a obrigação de efectuar prestações acessórias, entenda-se, acessórias (ou secundárias) em relação à obrigação (principal) de entrada. Portanto, para além desta, podem os accionistas ter de efectuar outras prestações, desde que determinadas, certas e especificadas, de forma gratuita ou onerosa, dependendo, uma vez mais, da prévia determinação contratual. Não esclarece a lei que tipo de prestações estão em causa[192]. Sabemos no entanto, pela negativa, que tipo de prestações não podem ser incluídas neste âmbito. Desde logo não se poderá por esta via iludir a proibição de entradas em indústria nas SA, art. 277.º n.º 1, pelo que tais prestações não podem substituir a obrigação de entrada[193]. No entanto, a redacção do art. 287.º parece deixar em aberto a possibilidade de existência do que se poderia designar por entradas de indústria *oficiosas* e cumulativas com as entradas em bens. Na verdade

---

[192] Desde logo poderão tratar-se de prestações que impliquem o fornecimento de bens pelo sócio à sociedade. Aliás, crê-se que terá sido com esse fundamento que não só surgiram estas obrigações (ditas) acessórias como igualmente se deu o surgimento do tipo sociedade por quotas.

[193] Proibição que como sabemos se justifica "pelo facto de estas contribuições não constituírem um meio de garantia para os credores", como referem SOVERAL MARTINS / MARIA ESLISABETE RAMOS, "As participações sociais", *in Estudos de direito das sociedades*, AAVV, 7.ª edição, Almedina, pág. 119.

exige-se apenas que as prestações em causa estejam previstas e especificadas no contrato, podendo muito bem reconduzir-se a uma típica prestação de serviços ou mesmo uma prestação de trabalho subordinado. Atente-se aliás na parte final do artigo onde se estabelece que se a prestação se reconduzir a um contrato típico (prestação de serviços, fornecimento, trabalho...) se aplicam as regras típicas desse contrato, o que abre a porta a vários tipos (tipificados ou não) de eventuais prestações.

Mas o que verdadeiramente nos interessa para a análise que agora empreendemos é o n.º 4 desse mesmo artigo, onde se estabelece, *a contrario*, que o contrato[194] pode ainda estabelecer que a falta de cumprimento dessas prestações afecte *a situação do sócio como tal*. Mas o que significa afectar a posição do sócio *como tal*? em nosso entendimento não pode significar nada mais do que afectar a posição do sócio enquanto... *sócio*. Por outras palavras, sempre que um sócio/accionista estiver validamente obrigado pelo contrato de sociedade a efectuar prestações acessórias e não cumprir, *em princípio*, nada sucede à sua posição de sócio enquanto tal. Porém e porque se trata de norma dispositiva, pode o contrato de sociedade estabelecer que nesses casos a sua posição de *sócio* sai afectada. Resta saber em que termos.

A qualidade de sócio adquire-se com a celebração do contrato de sociedade, como nos diz o art. 274.º, e confere ao seu titular um conjunto unitário de direitos e obrigações, actuais e potenciais, enquanto esse *status* se mantiver. Será de admitir uma *capitis deminutio* relativamente ao sócio que não cumpriu as prestações acessórias, ou ele deixará, inevitavelmente, de o ser? Será que se admite uma posição jurídica intermédia entre o ser sócio e o ser não-sócio? Esta posição híbrida seria bastante indesejável, não decorrendo sequer de qualquer norma do CSC,

---

[194] Igual possibilidade é permitida para o direito espanhol, apesar de a lei não estabelecer expressamente que o contrato de sociedade possa afectar a posição do sócio. Trata-se de uma construção doutrinal que considera admissível a inclusão de tais cláusulas, não obstante não haver um regime legal de exclusão nas sociedades anónimas: "Entre la doctrina que se ha ocupado en nuestro pais del estudio de las prestaciones accessorias en la sociedad anónima es claramente dominante, y creemos que acertada, la postura favorable a la admissibilidad de una cláusula estatutaria que regule la exclusión del accionista que incumpla la prestación sin que para ello sea un impedimento la falta de un regimén legal de la exclusión de sócios en la sociedad anonima", MERCEDES SÁNCHEZ RUIZ, "La facultad de exclusión de sócios en la teoría general de las sociedades" THOMSON, CIVITAS, 2006, pág. 115.

pelo que quando se fala em afectar a posição do sócio enquanto tal apenas se poderá pretender dizer que o sócio inadimplente deixa de ser sócio. Claro, digamo-lo mais uma vez, desde que o contrato de sociedade o preveja – será esta, por conseguinte, uma norma que legitima a inclusão de um caso de exclusão de sócio fundada no contrato de sociedade[195].

---

[195] As duas normas que assinalamos como duvidosas são igualmente referidas, ainda que telegraficamente, por COUTINHO DE ABREU, "Curso de Direito Comercial vol. II, Das Sociedades", 4.ª reimpressão da versão de 2002, pág. 438, com a mesma opinião e referindo ainda que em ambos os casos se tratam de acções nominativas, estando por isso a exequibilidade da exclusão assegurada, nomeadamente porque estas permitem conhecer a todo o tempo a identidade dos seus titulares. A prova de que se tratam de acções deste tipo temo-la no art. 299.º n.º 2, als. a) e c) CSC.

IV

O DIREITO DE EXCLUSÃO NA SOCIEDADE ANÓNIMA

Sumário: 1. O regime jurídico do direito de exclusão na SA. 1.1. Inexistência de um regime jurídico-legal de direito de exclusão na SA. 1.2. A inexistência como uma lacuna ou a necessidade de existência de um regime de exclusão de sócio na SA. 1.3. Razão da distinção entre SA e SQ. 2. A caracterização de S.A. na actualidade. A manifestação de um intuitus personae? 2.1. A sociedade anónima como forma de exploração de uma pequena ou média empresa. 2.2. Reconhecimento de um intuitus personae na SA. 2.2.1. SA não abertas (art. 13.º CVM). 2.2.2. SA com limites à transmissibilidade das acções (328.º). 2.2.3. Acções nominativas 2.2.4. SA que estabeleça prestações acessórias (287.º). 2.2.5. Em que os administradores sejam sócios (390.º n.º 3) 2.2.6. Que constituam uma firma-nome (275.º n.º 1) 2.2.7. Capital social mínimo (276.º n.º 3) 2.2.8. Número mínimo de sócios (273.º n.º 1) 2.2.9. Previsão de casos em que se impõe ou permite a amortização das participações sociais. 2.2.10. Outros casos onde a personalização da SA é manifesta. 2.3. O reconhecimento legal de sociedades anónimas com intuitus personae. 2.3.1. *Close corporations act* 2.3.2. *Societé par actions simplifiée*. 2.3.3. Sociedade europeia fechada 3. Formas de integração ou supressão da lacuna. Possibilidades de configuração de um regime jurídico com base na lei. 3.1. Interpretação extensiva. Os artigos 285.º e 287.º. 3.2. Interpretação analógica. 3.3. Recurso ao direito civil como direito privado comum.

Depois do percurso até agora encetado, chegamos finalmente ao cerne da matéria que nos propusemos tratar, a saber, a admissibilidade ou necessidade de existência de um direito de exclusão na sociedade anónima, como forma de salvaguarda e tutela do interesse social contra a sua perturbação por parte de um ou mais sócios.

Para tanto, não será demais relembrar que devemos ter em conta não só a configuração actual da sociedade anónima, tal qual ela é usada pelos agentes económicos, como também devemos atender aos interesses que subjazem à existência da figura da exclusão e ao concreto conflito para o qual ela pretende ser resposta.

1. O REGIME JURÍDICO DO DIREITO DE EXCLUSÃO NA SA

1.1. Inexistência de um regime jurídico-legal de direito de exclusão na SA

Como tivemos oportunidade de referir no fim do capítulo precedente, no que diz respeito à sociedade anónima o legislador não cuidou de prever um regime próprio para o direito de exclusão de sócio, ao contrário do que fez para a sociedade por quotas. A razão deste aparente *esquecimento* pode ficar a dever-se a uma determinada intenção, a de afastar esta possibilidade para o tipo de sociedade em causa. Aliás, muitos serão os argumentos que podem ser aduzidos a favor desta tese – inexequibilidade da exclusão nas sociedades anónimas cujas acções sejam ao portador e, em geral, sempre que não seja possível à entidade emitente conhecer o titular das ditas participações; o facto de se tratarem de sociedades necessariamente de capitais e em que um comportamento do sócio pouco releva ou em nada perturba o interesse social; o caso de as acções serem livremente transmissíveis, o que não impediria que o sócio a excluir as alienasse e voltasse a adquirir posteriormente[196] –, mas, segundo cremos, nenhum deles deixa inquestionavelmente arredada a possibilidade de haver a necessidade de recurso ao mecanismo da exclusão de sócio, mesmo numa sociedade de capitais como é a SA[197].

A verdade é que na falta de um regime próprio onde claramente se estabeleça a possibilidade de excluir um sócio com fundamento na lei ou de onde decorra a possibilidade de prever estatutariamente a consequência da exclusão para certos casos, ou ainda o recurso ao tribunal para requerer

---

[196] COUTINHO DE ABREU, "Curso..." ob. cit. págs. 437 e 438.

[197] Aliás, o que determina decisivamente a existência de uma figura não é tanto a previsão do legislador mas sobretudo a concepção do tráfego e os interesses legítimos que se venham a verificar na prática negocial e que sejam dignos de tutela.

a exclusão de sócio em face da impossibilidade de o fazer por outra via, dificilmente se chegará a um consenso nesta matéria, não obstante a possibilidade de, por via interpretativa, se alcançar uma solução razoável. A dificuldade, porém, reside sempre no facto de se entrar em linha de conta com a interpretação analógica e as inconstantes areias em que esta se move, com toda a sua problemática e todas as divergências que dela decorrem.

Não obstante isso, a integração das eventuais lacunas é incumbência dos juristas em obediência à própria lei, que, no caso do código das sociedades comerciais, nos diz que "Os casos que a presente lei não preveja são regulados segundo a norma desta lei aplicável aos casos análogos e, na sua falta, segundo as normas do Código Civil sobre o contrato de sociedade no que não seja contrário nem aos princípios gerais da presente lei nem aos princípios informadores do tipo adoptado", nos termos do seu art. 2.º. Resta por isso determinar se a falta de regulamentação específica corresponde ou não a uma verdadeira *lacuna*, a integrar nos termos do preceito transcrito.

1.2. A inexistência como uma lacuna ou a necessidade de existência de um regime de exclusão de sócio na SA

Perante a factualidade referida até este ponto é legítimo questionarmo-nos se o facto de não se ter previsto um regime próprio para a SA no que diz respeito ao direito de exclusão permite configurar uma hipótese de lacuna, ou seja, se de facto se pode dizer que se trata de uma matéria não prevista pelo legislador, mas que em boa verdade o havia de ter sido – ou, não o tendo sido na altura em que a lei foi criada, é imposto pelas exigências actuais. E o que vai decidir esta questão, em nossa opinião, é precisamente a consideração dos *interesses* que subjazem a este instituto no concreto (e actual) modelo (ou multiplicidade de modelos) de SA.

Se não existem quaisquer interesses a ser tutelados por via da exclusão de sócio, se este é um mecanismo supérfluo e inadequado neste tipo societário, se nenhumas exigências reclamam a sua existência, fácil seria de concluir pelo acerto da (falta de) regulamentação. Dir-se-ia que tal direito não se previu, mas as necessidades concretas do tráfego também o não exigem, pelo que em caso algum estaremos perante a possibilidade de considerar esta falta de regulamentação como uma lacuna.

Resta-nos perceber se de facto não subsiste a necessidade de se prever, para certos casos e dentro de certos circunstancialismos, um direito de exclusão de sócio nas sociedades anónimas nos mesmos ou em idênticos moldes dos previstos para a sociedade por quotas.

Para tal é necessário antes de mais perceber por que motivo o legislador procedeu a tal diferenciação, prevendo o regime de exclusão de sócio na SQ, não o fazendo para a SA, e determinar se esses motivos podem ainda hoje ser defensáveis em sede de recusa da existência do direito de exclusão. Para tal recuemos no tempo.

1.3. Razão da distinção entre SA e SQ

A SA, ao contrário da SQ, tem raízes num tempo longínquo[198]. Apesar de discutida, a sua origem histórica remonta à exploração colonial dos inícios do séc. XVII, sendo normalmente indicada como a primeira das quais a Companhia Holandesa das Índias Orientais. Na razão do seu surgimento estiveram as necessidades de aglomerar uma quantidade enorme de capitais para fazer face a avultadas despesas com a actividade em causa e com o risco que esta envolvia, aliado às promessas de ressarcimento do investimento e realização de mais-valias. Estas sociedades eram por isso muito grandes, requeriam fortes investimentos e um grande suporte humano, estando inclusivamente a sua criação dependente de autorização administrativa. Consequentemente, as primeiras regulamentações sobre a sociedade anónima, cujos vestígios perduram até aos nossos dias, tiveram como objeto a realidade existente e conhecida ao tempo – nestas era muito forte o pendor capitalístico, sendo praticamente irrelevante o factor humano em termos qualitativos[199-200] – pelo que se

---

[198] Crê-se que entre nós a primeira SA foi constituída pelo regimento de 27 de Agosto de 1628, a Companhia das Índias Orientais. "Ao contrário do que se tem escrito, é ele que constitui o primeiro estatuto jurídico completo de uma Companhia", de acordo com RUI MANUEL FIGUEIREDO MARCOS, "As Companhias Pombalinas – Contributo para a História das Sociedades por Acções em Portugal", 1997, págs. 125 e 132. Apesar disso há quem afirme que a primeira organização que se manifestou composta dos elementos caracterizadores da sociedade anónima foi o Banco de São Jorge, fundado em 1407 na cidade de Génova, pelos credores da república Genovesa, ao transformarem os seus títulos de renda em acções nominativas do banco estatal negociadas livremente no mercado.

[199] Relevará em termos quantitativos – interessava ter muitos accionistas e ter muito dinheiro investido – mas não interessavam as características próprias destes.

[200] Mas ainda assim não será despiciendo admitir um direito de exclusão mesmo na sociedade anónima tipicamente capitalística e em que a prestação mais importante

compreende a sua orientação subsequente no sentido da *desconsideração* da pessoa do sócio, em termos de porventura se considerar irrelevante um qualquer seu comportamento como fundamento de exclusão[201]. Em conformidade, a exclusão não terá sido equacionada porque não se coadunava com a ideia e com a realidade que se tinha presente daquilo que era, à data, uma sociedade anónima.

Já a sociedade por quotas[202], por sua vez, surgiu mais tarde mas desde então como um tipo maleável, menos rígido do que a sociedade anónima e, de certa forma, com um pendor mais personalista, configurando-se aí mais facilmente uma relação de proximidade entre o sócio e a sociedade em termos de um comportamento deste ser relevante para os destinos daquela, de modo que a exclusão constitui um mecanismo útil para afastar o sócio perturbador.

O que veio a suceder, porém, com o avanço e com o desenvolvimento das actividades económicas foi uma alteração sucessiva do paradigma de mercado onde se movem as sociedades em causa, o que implicou igualmente uma mutação no seu modo de compreensão e na sua própria estrutura.

Podemos identificar várias fases desde o surgimento da SA, mesmo admitindo que a sua origem não se deu em tempo anterior ao da exploração colonial setecentista. Com a exploração do comércio colonial[203] – de certa forma proporcionada pelas Descobertas portuguesas – alcança-se uma generalizada melhoria das condições de vida, o que leva simultanea-

---

seja, como é, a obrigação de entrada – estamos a referir-nos ao caso do incumprimento desta prestação, que constituirá no âmbito destas sociedades um potencial grave prejuízo e, nesses termos, uma justa causa para a exclusão.

[201] Aliás, nessa altura o que se pretendia era a inclusão – estávamos no início da exploração colonial comercial e pretendiam-se cativar todos os investimentos possíveis – o que nos permite compreender a sanção a que estava sujeito o sócio remisso (nas Companhias Pombalinas): "O cumprimento da obrigação de entrada constituía o principal dever dos sócios. O sócio remisso incorria na pena de perdimento da prestação já realizada. Atenuou-se o rigor desta sanção, quer convertendo as meias acções em acções inteiras, quer através da transmissibilidade das meias acções", RUI MANUEL FIGUEIREDO MARCOS, "As Companhias Pombalinas...", ob. cit, pág. 818.

[202] Para uma introdução às razões da opção pela regulamentação deste tipo social veja-se FERRER CORREIA, "A sociedade por quotas de responsabilidade limitada, segundo o código das sociedades comerciais", ROA, ano 47, Lisboa, Dezembro 1987, págs. 659 a 662.

[203] Nesta altura a sociedade anónima assume a feição de Companhia Majestática, com a feição descrita no texto.

mente a uma expansão demográfica, a transformações agrícolas (a revolução agrícola) e a um alargamento dos mercados. Consequentemente verifica-se uma acumulação de forças produtivas (mão-de-obra, capitais e matérias-primas) e um progressivo aumento dos apelos de mercado (pressão da procura sobre a oferta), o que conjuntamente com os progressos técnicos, com a revolução dos transportes e com a industrialização (maquinofactura) criou as condições essenciais para a Revolução Industrial e com ela, uma mudança de paradigma. Surge agora a fábrica, que depressa se transforma em grande empresa e em aglomerado de empresas, estando ainda no seu substrato a "necessidade de acumulação de considerável quantidade de capitais para permitir a instalação de indústrias capazes de produção em série"[204] – nesta altura as sociedades anónimas que exploravam estas grandes empresas eram poucas mas de grande dimensão, correspondendo ao paradigma pensado para as SA[205].

Actualmente, como sabemos, *ultrapassada* que está a era da Revolução Industrial, vivemos em plena Era da Informação e da Globalização, o que arrasta igualmente um novo paradigma[206]. Paradoxalmente, ou talvez não, com a Globalização assistimos à co-existência de relativamente poucas grandes empresas que concentram uma grande parte do volume

---

[204] RENATO VENTURA RIBEIRO, "Exclusão...", ob. cit., pág. 56, dizendo mesmo que a sociedade anónima exerceu papel de relevo na concretização da Revolução Industrial – tenha-se presente que a construção de túneis, viadutos e pontes e a montagem de gares estiveram geralmente a cargo de Companhias por acções, criadas para o efeito por empresários com iniciativa, que reuniam capitais privados e públicos e vieram a alcançar grandes lucros.

[205] Veja-se o seguinte quadro que revela a evolução da forma de exploração das grandes empresas em Portugal entre os anos de 1852 e 1917.

A forma legal das 50 maiores empresas em Portugal

Forma legal	1852	1881	1917
Empresário individual	31	10	2
Sociedade em nome colectivo	15	22	11
Sociedade por quotas	–	–	9
Sociedade anónima	4	18	28

Fonte: http://www2. egi. ua. pt/xxiiaphes/Artigos/a Neves. PDF.

[206] Vejam-se os mais recentes exemplos de pequenas e jovens empresas com facturação que faz invejar algumas grandes empresas estabelecidas há décadas no mercado – são os casos da AMAZON®, GOOGLE®, YOUTUBE® e, nos seus inícios, a própria MICROSOFT®.

de negócios a nível internacional e muitas pequenas empresas que representam relativamente pouco em volume de negócios e em razão proporcionalmente inversa ao seu número. As pequenas e médias empresas, por outro lado, tendem a perder o pouco poder que detêm pelo alargamento dos mercados onde actuam, pelo que muito dificilmente conseguem alcançar o tamanho das demais[207]. O que nos leva à realidade da existência de um número infinitamente maior de pequenas e médias empresas (eventualmente exploradas sob a forma de SA) do que o número de grandes empresas igualmente exploradas por uma SA – o que nos permite chegar à conclusão de que existem hoje sociedades anónimas que não correspondem ao modelo de (grande) sociedade que o legislador teve em conta quando lhe pensou o regime jurídico.

E a verdade é que nem o surgimento de um modelo societário que se pode dizer intermédio, que procurou conciliar as vantagens da SNC e da SA, nomeadamente permitindo a estruturação da actividade nos moldes possibilitados pela primeira, mas limitando a responsabilidade dos sócios em forma *semelhante* à que era admitida pelas segundas – falamos, é claro, das SQ –, permitiu o retrocesso na ideia de que só as grandes empresas seriam exploradas de acordo com a forma de organização de uma sociedade anónima. Na base do surgimento da SQ[208] esteve a ideia de que as pequenas e médias empresas não mais necessitariam de recorrer à SA para limitar a responsabilidade dos sócios[209] – deixando-

---

[207] Há mesmo quem defenda que esta tendência se estende à perda de influência das (grandes) empresas por efeito do alargamento dos mercados onde estas se movimentam e realizam os seus negócios, o que resultará numa passagem dos actuais mercados oligopolistas para um mercado global de concorrência perfeita. Tal teria como consequência uma diminuição da influência das grandes empresas e uma tendencial aproximação entre "pequenas" e "grandes" empresas. Porém, esta opinião é discutível, tendo sobretudo em vista as grandes multinacionais, que permanecem grandes mesmo num mercado actualmente (quase) *mundializado* (veja-se o que sucede acompanhando o processo de integração económica mundial mas sobretudo ao nível da União Europeia, em MOTA DE CAMPOS, "Manual de direito comunitário", 4.ª edição, Fundação Calouste Gulbenkian, 2004, pág. 507 e ss.). Com esta última opinião, AVELÃS NUNES, "Economia, vol. II, o Crédito", apontamentos destinados aos alunos do 5.º ano da Faculdade de Direito de Coimbra, págs. 185 e 186.

[208] COUTINHO DE ABREU, "Curso..." ob. cit., pág. 82 e ANTÓNIO CAEIRO, "A exclusão estatutária do direito de voto...", ob. cit., págs. 107 a 109.

[209] Na verdade essa parece ser a grande razão para mesmo as pequenas e médias empresas adoptarem a forma de sociedade anónima, mesmo em face da possibilidade de adoptarem o tipo sociedade por quotas (de responsabilidade limitada). Tenham-se em

-a *reservada* para os grandes investimentos – pelo que não seria necessário, deste ponto de vista, introduzir elementos que a personalizariam, como a possibilidade de um direito de exclusão. Neste sentido e se este pressuposto se confirmasse na realidade, não seria necessário um regime dedicado à exclusão de sócio nas SA – qualquer sociedade em que subsistam e prevaleçam elementos personalistas adoptaria o tipo SQ, onde seria permitido o direito de exclusão. Como a SA estaria *reservada* para grandes investimentos[210], em que a pessoa dos sócios pouco releva, seria desnecessário prever um regime que parte da consideração da importância da pessoa daqueles. E tudo isto seria consentâneo com o regime que actualmente vigora entre nós, não fosse o facto de os pressupostos de que partimos não se verificarem, pelo menos em termos exactos e tão lineares, na realidade.

2. A CARACTERIZAÇÃO DE S.A. NA ACTUALIDADE. A MANIFESTAÇÃO DE UM *INTUITUS PERSONAE*?

2.1. A sociedade anónima como forma de exploração de uma pequena ou média empresa

Actualmente a sociedade anónima, como vínhamos dizendo, não é tão-só forma de organização de grandes empresas ou empreendimentos, antes é (ab)usada como estrutura organizativa de pequenas e médias empresas[211]. A SQ não conseguiu atingir totalmente o seu desiderato,

---

consideração as diferenças que ainda assim subsistem entre os dois tipos sociais em causa no que diz respeito à limitação da responsabilidade dos sócios.

[210] Vejam-se aliás as diferenças de exigências mínimas de composição do capital social: € 5 000 nas SQ e € 50 000 nas SA.

[211] Fenómeno para o qual já Ascarelli chamava a atenção: "...o benefício da responsabilidade limitada levou também pequenas empresas a constituir-se como sociedades anónimas; multiplicaram-se as sociedades anónimas familiares; os negócios individuais se transformaram em sociedade anónima para facilitar assim a sua continuidade depois da morte dos fundadores, ou em consequência desta; negócios individuais constituíram-se, por meio de óbvios artifícios, como sociedade anónima para gozar do benefício do exercício do comércio com responsabilidade limitada. Nem sempre a existência da sociedade por quotas de responsabilidade limitada exclui essa utilização da sociedade anónima", cujo pensamento foi transcrito de Renato Ventura Ribeiro, "Exclusão...", ob. cit., pág. 60, nota 75.

desde logo porque o regime de (ir)responsabilidade que concede é menos apelativo do que o da SA – nas primeiras "os sócios são solidariamente responsáveis por todas as entradas convencionadas no contrato social...", enquanto que na SA "cada sócio limita a sua responsabilidade ao valor das acções que subscreveu".

Não surpreende pois que o tipo SA passasse a ser o modelo predilecto de exploração de qualquer actividade mercantil, com a banalização da sua utilização (veja-se a existência dos "Hospitais SA"), facilitado que está o seu acesso, entre outros, pela liberdade de constituição (não sendo actualmente necessária autorização administrativa[212]), pelo relativamente baixo valor legal mínimo para a realização do capital social e pelos regimes simplificados que actualmente existem para a sua constituição (veja-se o Decreto-Lei n.º 111/2005, de 8 de Julho, relativo ao Regime Especial de Constituição Imediata de Sociedades e ainda o Decreto-Lei n.º 125/2006, de 29 de Junho, relativo ao Regime de Constituição *on-line* de Sociedades).

Tendo em conta o mercado português fácil é de verificar que a situação não será muito diferente. São muito poucas as empresas de grande dimensão, controladas por grandes sociedades anónimas, sendo o tecido empresarial nacional sobretudo dominado por pequenas e médias empresas[213], (algumas das quais eventualmente) exploradas por agora pequenas SA.

---

[212] De facto, foi a partir do momento em que a sociedade anónima conseguiu a sua liberdade de constituição – desde a Lei de 22 de Junho de 1867 – que ela passou a servir de reflexo da empresa económica moderna. Liberalizou-se o recurso a este expediente como forma de exploração de uma empresa o que proporcionou um aumento do investimento (diminuição do risco) e dos consequentes lucros, o que granjeou um grande reconhecimento a este instituto, potenciado sobretudo pela ideia de separação patrimonial. E foi o benefício da responsabilidade limitada que fez com que muitas empresas de pequeno porte se constituíssem como sociedade anónima

[213] "Segundo dados do Instituto Nacional de Estatísticas (INE) de 2003, 99,6% das sociedades existentes são PME, demonstrando a sua relevância no tecido empresarial português. São responsáveis por cerca de 2 milhões de empregos o que representa 75,6% do emprego criado pelas sociedades nacionais e cerca de 155 mil milhões de euros de facturação. Neste contexto, a importância na estrutura empresarial é comum em toda Europa (93% das empresas do Espaço Económico Europeu e na Suíça são micro-empresas, 6% são pequenas empresas, menos de 1% são empresas de média dimensão e apenas 0,2% são grandes empresas, num universo de aproximadamente 20 milhões de empresas no espaço da União Europeia (Observatório das PME Europeias, 2002).

Segundo dados do INE, as PME apresentam uma posição de destaque em todos os sectores de actividade nacional (turismo, comércio, construção, indústria extractiva

Daqui se retira que, apesar de escassearem os elementos estatísticos que estabeleçam e comprovem tal relação entre número de sociedades anónimas e respectiva dimensão, é provável que muitas sociedades deste tipo que exercem a sua actividade em Portugal correspondam a uma actividade empresarial de relativa diminuta dimensão, o que de certa forma – e a ser verdade – contribui para atenuar as diferenças entre os dois tipos sociais. Neste caso a (pequena) sociedade anónima reger-se--á por um regime idêntico ao de sociedades por quotas que assumam uma certa dimensão, pelo que, como afirma PEDRO MAIA, neste caso "uma certa aproximação de regimes não é criticável"[214].

2.2. Reconhecimento de um *intuitus personae* na SA

Daí que possamos distinguir, *grosso modo*, duas grandes possibilidades de modelação *contratual* de sociedade anónima: a *grande SA* e a *SA pequena, fechada ou familiar*[215]. A grande SA[216] será a de mais

---

e serviços). Importa salientar que a importância das PME tem vindo a crescer, caso do triénio 2000/2003, que verificou um acréscimo no número de PME de 8,8%.

Segundo dados do INE, relativos a 1998, existiam em Portugal cerca de 214. 527 PME, classificadas de acordo com a "definição europeia", no final de 2003, estavam registadas 273 496 PME", em http://www. esce. ips. pt/disciplinas/licenciatura/pg/arquivo/ EBENESPANHA2006PME. pdf.

"As sociedades por quotas têm, em média, 5,4 trabalhadores, para um volume de negócios próximo de € 400. 000; as anónimas têm, em média, 47 trabalhadores, para cerca de € 7. 500. 000. Na generalidade, estamos perante pequenas e médias empresas, que desenvolvem a sua actividade no País", MENEZES CORDEIRO, "Evolução do direito europeu das sociedades", ROA Ano 66 – Vol. I – Jan. 2006, http://www. oa. pt/ Conteudos/Artigos/detalhe artigo. aspx?idc=31559&idsc= =47773&ida=47809.

[214] PEDRO MAIA, em entrevista à revista "Vida Económica", sexta-feira, 10 de Novembro de 2006.

[215] Quando falamos de SA pequena, fechada ou familiar não nos estamos a referir a um único fenómeno reconduktível a uma só realidade. Na verdade podemos ter uma sociedade familiar que não seja pequena ou fechada, como poderemos ter uma sociedade fechada que não seja pequena nem familiar. Porém, quando se reunirem estas três características na SA será inegável um *intuitus personae* que exija a consideração de um direito de exclusão, igualmente como forma de salvaguardar e regular esse *intuitus personae*.

[216] Esta constitui o "quadro típico das sociedades anónimas, mas não é o único modelo possível", como bem refere CAROLINA CUNHA, "A exclusão de sócios...", ob. cit., pág. 232.

fácil caracterização pois é aquela que mais rapidamente nos vem à memória se pensarmos nas grandes empresas, aquelas que igualmente são as mais conhecidas e que no fundo correspondem ao tipo que serviu de modelo ao surgimento da regulamentação legal.

Por sua vez a SA pequena, fechada ou familiar resulta já da concreta utilização de que os agentes económicos se servem para realização dos seus interesses, não tendo a mesma projecção (*mediática*) ou visibilidade da grande SA, mas representando um considerável peso económico, sobretudo num mercado pequeno como o português[217]. E a verdade é que nestas sociedades se revela as mais das vezes um *intuitus personae* que conduz à miscigenização do tipo societário em causa, o que tem como consequência a personalização daquela que surgira como o paradigma de sociedade capitalística. A figura das pessoas dos sócios adquire por isso outro relevo, largando as sombras do anonimato e reassumindo a sua posição de *natural* visibilidade, num movimento de retorno que tende a fazer revivescer a supremacia do elemento humano sobre o material[218]. Adquire por isso novo relevo a primitiva noção de *sociedade* que se retira do art. 980.º CC, nomeadamente a nota do exercício *em comum* de determinada actividade e os concretos deveres de colaboração e *lealdade* que daí se podem retirar e que impendem sobre todos os sócios, independentemente do tipo societário legal em causa, mas dependentemente do

---

[217] Mais uma vez devemos atender não só ao tipo legal de sociedade anónima mas igualmente aos tipos reais, distinção para a qual chama igualmente a atenção CARLOS OSÓRIO DE CASTRO, "Valores mobiliários, conceito e espécies", 2.ª edição, UCP, Porto, 1998, págs. 77 e 78.

[218] Aliás, a verdade é que mesmo nas grandes sociedades anónimas se verifica actualmente um fenómeno de identificação da entidade social com a pessoa do *líder* ou com as pessoas que compõem a "equipa" da administração – tenham-se em conta, a este respeito, os casos mais recentes relativos às operações de aquisição e fusão de sociedades onde por vezes se confundiam, ainda que na opinião pública, as pessoas das sociedades com as pessoas dos sujeitos que as "lideram". Identificando igualmente este fenómeno, MARCELO MENDONÇA DE CARVALHO, "A exclusão de sócios...", ob. cit., pág. 80, refere que se verifica *"(...) que nas grandes sociedades anónimas, constituídas por milhares de accionistas, os accionistas detentores de parcelas significativas do capital acabam por ceder a sua credibilidade pessoal à sociedade, fazendo-a quase depender da sua presença (tal como se passa nas sociedades de pessoas) – ainda recentemente, num caso mediático, o principal accionista de uma reputada sociedade anónima tornou pública a sua oposição, bem sucedida, à entrada de um determinado sócio na sociedade por razões de estratégia do mercado"*.

concreto tipo de sociedade de que estejamos a falar[219]. E é nesse sentido que cumpre afirmar a existência, na SA pequena, fechada ou familiar de uma *affectio societatis*, entendida como "o desejo dos sócios de operar como membros da colectividade social, aderindo um ao outro, com o propósito de explorar o objecto social num mesmo caminho"[220]. E admitindo que a *affectio societatis* existe neste tipo de sociedade anónima, pode dar-se o caso de que uma quebra em tal intenção seja susceptível de constituir fundamento de exclusão de sócio ou mesmo dissolução da sociedade. É que no caso de se verificarem *desinteligências*[221] entre os

---

[219] Não terá muito sentido falar em dever de lealdade e colaboração dos sócios que na verdade surgem como especuladores, que entram para a sociedade na perspectiva de realizar mais valias com a negociação das acções em mercado regulamentado (considerando que esse dever existe, mesmo nestes casos e que decorre, antes de mais, do próprio princípio da boa fé no cumprimento das obrigações – artigo 762.º, n.º 2 CC –, MARCELO MENDONÇA DE CARVALHO, "A exclusão de sócio...", ob. cit., págs. 89 e 90). Mas já fará sentido fazer ressurgir tais deveres no caso de o elemento personalístico voltar a ser integrador e unificador da prossecução do fim social, ainda que numa sociedade anónima. Daí que devamos ter em conta a diferença, a que já KARSTEN SCHMIDT aludia, entre *tipos* e *formas* de sociedades – ou, de outro modo, entre tipos *legais* e tipos *reais* de sociedades (que resultam da concreta modelação contratual realizada pelas partes no uso da sua autonomia privada), sendo estes últimos "*mais ricos e mais diferenciados do que os tipos legais*", pelo que a SA "*pode ter características mais capitalistas, como sucede na sociedade aberta, ou mais pessoalistas*", PEDRO PAIS DE VASCONCELOS, "A participação social...", ob. cit., págs. 47 e 313. Ou seja, se a sociedade anónima for uma sociedade mais personalista é natural que se estabeleçam mais fortes deveres de lealdade entre os sócios e entre estes e a sociedade. Assim sendo, em face de uma actuação desleal, pode ser de considerar uma exclusão de sócio, mesmo tratando-se de uma sociedade anónima e mesmo na falta de estipulação contratual expressa. Não concordamos por isso com PEDRO PAIS DE VASCONCELOS "A participação social...", ob. cit., quando conclui pela impossibilidade de exclusão de um sócio na sociedade anónima por violação do dever de lealdade (págs. 354 e 355), mesmo depois de ter concluído que esse dever de lealdade existe nas sociedades onde exista um cunho personalístico e mesmo depois de ter afirmado que existem sociedades anónimas que inevitavelmente o têm (pág. 313). Aliás, não deixa de ser curioso que este Autor refira que neste tipo de sociedades se impõe a existência de tal direito de exclusão, falta que qualifica de "deficiência do modelo típico legal" (ob. cit., pág. 359), sem que daí extraia, estranhamente, qualquer conclusão que apoie a invocação de tal direito.

[220] ENRICO SOPRANO, "Tratado Teórico Prático das Sociedades Comerciais", 1934, Vol. I, pág. 111, citado em LEONARDO CORRÊA, "Dissolução de sociedade anónima por quebra da *affectio societatis*", 2002, in http://jus2.uol.com.br/doutrina/texto.asp?id=3408.

[221] Desinteligências estas que estão igualmente na base do direito de exoneração que a lei confere ao sócio de uma SQ que se opôs à permanência na sociedade de outro

sócios que levem à quebra da prossecução do fim comum que presidiu ao nascimento da sociedade, poderá ver-se preenchida a causa de dissolução prevista na alínea b) do art. 142.º CSC, quando "A actividade que constitui o objecto contratual se torne de facto impossível". Funcionando a exclusão de sócio como um sucedâneo da dissolução (ainda que menos gravoso para a sociedade), e atendendo ao facto de que em determinadas sociedades anónimas existe uma *affectio societatis* que se consubstancia num *intuitus personae*, poderemos ser levados a concluir que a quebra da relação originada pela actuação de um ou mais sócios, sendo susceptível de entravar a realização do fim comum, pode originar a dissolução da sociedade ou, no mínimo, a exclusão do sócio ou sócios responsáveis.

Mas a verdade é que a utilização *alternativa* do modelo de SA de que falávamos (SA pequena, fechada ou familiar) apenas é permitida na medida em que se respeitem os preceitos legais imperativos relativos ao tipo em causa – sob pena de se violar o princípio da tipicidade –, de modo que tal configuração se haja de retirar daquele regime[222]. Vejamos então como é que, partindo do regime legal, podemos configurar uma sociedade anónima em que se manifeste um *intuitus personae*[223] e onde, por conseguinte, seja de ponderar a existência de um direito de exclusão de sócio.

---

sócio que adoptou conduta ou recaiu em situação constitutiva de justa causa de exclusão. Neste caso a solução é preventiva na medida em que se permite que um deles saia, para que as desinteligências não entravem a prossecução do fim social, numa altura em que o sócio vencido na votação considerava que a "sociedade, a partir daquele momento, passava a ser demasiado pequena para os dois", JOÃO CURA MARIANO, "Direito de exoneração...", ob. cit., pág. 81.

[222] Entre nós vigora o princípio da taxatividade dos tipos societários, o "que não impede que a autonomia privada construa soluções adaptadas às suas conveniências". Acerca da defesa da elasticidade dos tipos de sociedades comerciais, ver PEDRO PAIS DE VASCONCELOS, "A participação social...", ob. cit., págs. 45 a 54.

[223] Já ANTÓNIO CAEIRO, "A exclusão estatutária...", ob. cit., págs. 131 e 132, admitia a possibilidade de se encontrarem "traços personalistas nas tradicionalmente designadas por sociedades de capitais (o que será mais frequente, bastando recordar que certas sociedades anónimas são autênticas sociedades familiares, estando todo o capital dividido em acções nominativas, todas na posse de membros de uma família e sujeitas a restrições no que respeita à sua transmissão) (...)".

2.2.1. SA não abertas (art. 13.º CVM)

A sociedade anónima está dirigida para a *possibilidade* de captação de grandes investimentos e, em conformidade com essa premissa, temos a consideração da acção como um valor mobiliário, pela possibilidade de ser representada num título ou por um registo em conta a fim de poder ser negociada em mercado regulamentado. Desta forma permite-se a coexistência de dois *tipos* de accionistas, aqueles que formam pequenos grupos de controlo e conseguem ser os responsáveis pelos destinos da sociedade, ao lado dos accionistas «poupadores», «ocasionas» ou «especuladores»[224], aqueles que vêem nas acções um activo ou instrumento financeiro e as adquirem ora com a perspectiva de participar na divisão dos lucros a distribuir, ora com a intenção de realizar mais-valias, nomeadamente pela venda destas quando tenham adquirido a sua cotação mais elevada, garantindo um ganho diferencial relativamente ao valor da sua aquisição[225].

Nessa medida, a sociedade anónima pode alargar a sua base pessoal e, ao mesmo tempo, a sua base patrimonial, através do recurso ao mercado e da abertura do seu capital através de uma oferta pública de subscrição, em sede, *v. g.*, de um aumento de capital, o que leva à sua qualificação como sociedade aberta, nos termos do art. 13.º, n.º 1 al. b) CVM.

No entanto, esta possibilidade deixa as sociedades vulneráveis e apetecíveis a *"ataques"* externos por parte de outras sociedades (ou mesmo investidores individuais) com ambições de crescimento e de concentração, pelo que há sempre a possibilidade de fechar (diz-se, correntemente, *blindar*) a sociedade ou, por outras palavras, de optar, no momento da sua constituição, por uma sociedade anónima não aberta[226] – o que desde

---

[224] COUTINHO DE ABREU, "Curso...", ob. cit., págs. 70 e 71.

[225] Esta segunda possibilidade é relevante na medida em que muitas sociedades se verifica a tendência para a não distribuição dos lucros e para a sua incorporação nas reservas, o que em nada afecta a posição destes investidores ocasionais. *"Não falta mesmo quem defenda que, para os que jogam na bolsa, é indiferente que as sociedades anónimas distribuam dividendos ou não. Se não os distribuírem aumentam a sua capacidade de auto-financiamento, o que valoriza as empresas e as acções emitidas pelas sociedades suas titulares. E esta valorização – que se traduz em ganhos de capital na venda das acções – pode ser preferível aos dividendos, sobretudo nos países em que as mais-valias são menos tributadas que os dividendos"*, AVELÃS NUNES, "Economia, vol. II, o Crédito", ob. cit., pág. 100.

[226] Tratando-se de uma sociedade aberta haverá ainda a possibilidade de perda dessa qualidade, algo que se pretendeu dificultar com a alteração introduzida ao CVM

logo tem a inconveniente desvantagem de não se conseguir captar os investimentos dos pequenos aforradores por via da emissão de acções colocadas à subscrição pública.

Ora, se estivermos em face de uma sociedade anónima cujo capital não está aberto ao investimento do público (art. 13.º CVM) – quer nunca tenha adquirido essa qualidade, quer a tenha perdido posteriormente – teremos de admitir que esta se encontra blindada ou fechada à entrada de novos accionistas que eventualmente estivessem interessados em investir na sociedade em causa. E se este elemento só por si não basta para atribuir um *intuitus personae* à SA[227] pelo menos terá a virtualidade de revelar a outra face da grande sociedade anónima, aquela que tem um substrato pessoal muito amplo, "com muitas e muito disseminadas acções"[228]. Ou seja, a sociedade anónima que não se considere aberta nos

---

pelo Decreto-lei n.º 219/2006, quando tal consequência se preveja possível em resultado de aquisição de uma sociedade por via de OPA: veja-se a nova redacção do art. 194.º CVM, onde cuidaram de se introduzir exigências suplementares para surgimento do direito de adquirir potestativamente o remanescente das participações sociais, com intuito de dificultar a retirada de *bolsa* (mercado regulamentado) das sociedades adquiridas. Ao prever-se que apenas haverá direito de aquisição potestativa quando em virtude da OPA o oferente atinja pelo menos 90% dos direitos de voto correspondentes ao capital social e *90% dos direitos de voto abrangidos pela oferta* está a limitar-se a possibilidade de controlo da totalidade das participações sociais. Imagine-se que o oferente detém já 80% da sociedade visada e lança OPA para aquisição dos restantes 20%, dos quais vem a adquirir apenas 10%. De acordo com a antiga redacção, alcançar os 90% dos direitos de voto correspondentes ao capital social (80+10) seria suficiente para se adquirir potestativamente o remanescente das participações sociais. Sucede que actualmente e por força da exigência (cumulativa) de adquirir igualmente 90% dos direitos de voto abrangidos pela oferta já não existe tal direito, no caso em análise. Isto porque, no exemplo referido, a OPA visava 20% dos direitos de voto e para se lançar mão do direito de aquisição potestativa teria de se adquirir 90% dos 20% que eram objecto da oferta (18%). Ora, tendo adquirido apenas 10% e apesar de se deter 90% dos direitos de voto correspondentes ao capital social, a verdade é que esta sociedade não tem o direito de aquisição potestativa, não podendo por isso adquirir o remanescente das acções.

[227] Vendo na sociedade anónima fechada uma sociedade com indesmentível *intuitus personae*, FABIO KONDER COMPARATO, in "Novos Ensaios e Pareceres de Direito Empresarial", Forense, 1981, pág. 120: "Se ainda é aceitável classificar a companhia aberta na categoria das sociedades de capitais, pelo seu caráter marcadamente institucional, a companhia fechada já apresenta todas as características de uma sociedade de pessoas, animada por uma *affectio societatis* que se funda no *intuito personae*. Ao contrário da simples consideração dos capitais, na companhia fechada prepondera, tanto entre acionistas quanto perante terceiros, a confiança e a consideração pessoal", citado em LEONARDO CORRÊA, "Dissolução de sociedade anônima por quebra da affectio societatis".

[228] COUTINHO DE ABREU, "Curso...", ob. cit., pág. 71.

termos do art. 13.º CVM tenderá a estar mais fechada do que a sociedade que respeite aqueles requisitos, já que terá tendencialmente um substrato pessoal mais restrito e menos susceptível de variações por saída e entrada de novos sócios. Nestes termos será de admitir, em abstracto, uma maior relevância das pessoas dos sócios nas sociedades não abertas, já que tenderão a constituir um núcleo estável, por exemplo, pela não sujeição à negociação em mercado das acções que dão direito a adquirir a qualidade de sócio. Nestas, o número de accionistas não varia com a rapidez das ordens de venda ou de compra de acções que ocorram em mercado regulamentado, o que faz surgir um núcleo permanente semelhante ao que existe em qualquer SQ em que, como se sabe, as participações sociais não podem ser representadas em títulos. As eventuais alterações no substrato pessoal de tais SA serão idênticas às que se efectuam por cessão (ou transmissão) de quotas, o que só por si demonstra uma certa aproximação de regimes.

2.2.2. SA com limites à transmissibilidade das acções (328.º)

Outro dos elementos fundamentais para caracterizar uma determinada sociedade anónima como uma sociedade fechada[229] é a possibilidade de impor limitações à livre transmissibilidade das participações sociais (contanto que se tratem de acções nominativas). A regra, como sabemos, é a da livre transmissibilidade das acções, pois o legislador parte da consideração de que, visto que a SA se constitui, as mais das vezes, como forma de concentrar muitos capitais, captando os investimentos dos pequenos aforradores e investidores não qualificados, terá de se permitir que da mesma forma que se investe se pode igualmente *desinvestir*. Essa é aliás uma condição para se atrair inicialmente o investimento, sendo ainda corolário do princípio da não vinculação contratual perpétua, pelo que não se deve fazer o sócio prisioneiro da sociedade em que resolveu, a determinado momento, investir.

No entanto, num movimento de equilíbrio entre o pendor capitalístico deste tipo societário e uma certa abertura personalística, o legislador

---

[229] Usamos o vocábulo num sentido amplo, pois sabemos que *"...para que a sociedade anónima seja fechada ou não aberta, também não é requisito ou critério que existam aqueles limites no contrato de sociedade respectivo"*, SOVERAL MARTINS, "Cláusulas do contrato...", ob. cit., pág. 20.

permite, dentro de certos limites, que se estabeleçam restrições à livre transmissibilidade das participações sociais, o que corresponde, na prática, a uma blindagem à livre saída de sócio, constituindo consequentemente um impedimento à livre entrada de um sujeito que pretende vir a adquirir essa qualidade. A razão do seu estabelecimento no contrato pode ficar a dever-se à importância que reveste para a sociedade a permanência da *pessoa* de determinados sócios, acompanhada porventura da necessidade de impedir que entrem pessoas que não sejam da sua confiança. Daí que a existência de limites à livre transmissibilidade das participações sociais corresponda a um forte indício de que entre a pessoa da sociedade e as pessoas dos sócios se estabelecem laços de proximidade e confiança tais que justificam o recurso a mecanismos que os visam proteger – com esses limites a sociedade pretende proteger-se contra o desejo de saída do sócio em que confia, ao mesmo tempo que se protege contra a entrada de um sujeito do qual não tem garantias de poder vir a confiar. E nesse sentido o estabelecimento de cláusulas limitativas da transmissibilidade das acções corresponde a um elemento de personificação da SA, permitindo que as partes lhe atribuam uma configuração onde as suas próprias pessoas exerçam um papel de relevo nos destinos da sociedade. E, havendo essa relação de proximidade entre sociedade e sócio, fácil se torna admitir que existam conflitos, conflitos esses que impeçam o livre desenvolvimento dos desejos e interesses de cada uma das partes, em termos de se admitir que quando tal conflito seja originado pelo sócio se atribua à sociedade o direito de o excluir.

Ou seja, se a pessoa do sócio pode ser importante para a sociedade ao ponto de esta impor a sua permanência por meio de limites à transmissibilidade da participação social, logo se abre a porta para que se considere que um comportamento deste possa ser de tal forma lesivo dos seus interesses que não lhe seja exigível suportar a sua permanência.

2.2.3. *Acções nominativas*

As participações sociais das SA são denominadas «acções» e podem ser de dois tipos, tendo em conta o critério da possibilidade ou impossibilidade de a entidade emitente conhecer a todo o tempo a identidade do seu titular.

De acordo com esse critério teremos acção *nominativa* ou acção *ao portador*, sendo a primeira aquela que permite à entidade emitente conhecer, a todo o tempo, o respectivo titular (o que se consegue por imposição de obrigatoriedade de registo aquando da sua transmissão), ao passo que acção ao portador[230] será aquela em que não existe tal possibilidade, em que as acções circulam sem que a entidade emitente saiba a quem pertencem a cada momento – distinção que se retira do art. 52.º n.º 1 CVM.

E a verdade é que do facto de determinada sociedade prever que as acções são nominativas resultam duas importantes conclusões. Não só se permite, por um lado, a exequibilidade de um eventual direito de exclusão[231], pois conhecendo-se a identidade do sócio em causa consegue-se promover o seu afastamento e consegue impedir-se o seu regresso, como ainda e mais importante se retira dessa possibilidade o facto de haver uma relação de maior proximidade entre o sócio e a sociedade.

Sendo nominativas as acções a sociedade pode a todo o tempo conhecer a identidade do seu titular, não permanecendo este no anonimato – consistindo inclusivamente essa uma forma de tutelar a posição jurídica deste contra transmissões não causais ou injustificadas. A forma de transmissão implica a colaboração por parte do sócio, não só porque se exige que este aponha a declaração de transmissão no título (no caso de acções tituladas, mas já não escriturais) como ainda porque se lhe confere legitimidade a ele para requerer o registo das mesmas junto do emitente (e já não ao transmissário), o que revela que se dá prevalência ao interesse do sócio.

Não podemos deixar de referir, em jeito de conclusão, que em certos casos as acções têm de ser necessariamente nominativas, casos esses que se relacionam por vezes com a problemática da exclusão de sócio. Na verdade, se atentarmos no conteúdo do art. 299.º n.º 2 verificamos que assim acontece no caso de as acções não estarem totalmente liberadas – o que pode ter como consequência, como vimos, a exclusão

---

[230] Apesar de ser complicado equacionar a possibilidade de exclusão de sócio quando este seja titular de acções ao portador, não nos parece válido o argumento de que, nesse caso, basta que o sócio sinta que sobre si recai a possibilidade de exclusão para, facilmente e sem limites (as acções ao portador não podem ver a sua transmissibilidade limitada) transmitir a totalidade das suas participações sociais, esvaziando completamente de resultado prático qualquer ameaça de exclusão. É que nesse caso em concreto alcança-se, ainda que por outra via, o que se pretende. Porém, já não será tão simples impedir que esse sujeito volte a entrar para a sociedade e aí, na verdade, revelam-se todas as dificuldades que a representação das participações sociais em acções ao portador apresentam no que à efectivação da exclusão diz respeito.

[231] Problema para o qual chama a atenção COUTINHO DE ABREU, "Curso...", ob. cit., pág. 438.

do sócio remisso – e no caso em que o seu "titular esteja obrigado, segundo o contrato de sociedade, a efectuar prestações acessórias à sociedade" – o que pode culminar na exclusão deste em caso de incumprimento, desde que haja previsão contratual, nos termos do art. 209.º n.º 4.

2.2.4. SA cujo contrato estabeleça a obrigação de prestações acessórias (287.º)

A obrigação de efectuar prestações acessórias, a que aliás já nos referimos *supra*, ponto 3.4.2, indicia igualmente uma personalização[232] da SA, na medida em que esta fica dependente da sua realização por parte do sócio, tal como o sócio passa a ficar especialmente vinculado em virtude da assunção da obrigatoriedade de realização das mesmas. E é em virtude dessa especial relação que se estabelece entre ambos que se pode dizer que os destinos da SA passam a estar relacionados com uma expressa obrigação concreta que recai sobre um ou mais sócios – aliás, a obrigação de prestações acessórias introduz uma nota personalística de forma idêntica ao que sucede com a realização das entradas em indústria nas sociedades onde o *intuitus personae* é prevalecente, *i.e.*, tal como nas SNC em que são admitidas contribuições de indústria, ficando o sócio vinculado pessoalmente à sua realização, também nas SA e SQ o sócio pode ficar vinculado de forma semelhante, havendo aliás quem defenda que estas prestações acessórias possam assumir o conteúdo de prestação de trabalho subordinado[233].

Ora, tudo isto para afirmar que o estabelecimento destas prestações permite evidenciar neste tipo de sociedades a figura da pessoa do sócio e ao mesmo tempo retirar sentido quer à ideia de que as SA, porque assumem um carácter capitalístico, não se coadunam com uma figura da exclusão, que tem uma índole vincadamente personalística, quer à ideia de que *nestas sociedades, tipicamente de capitais, a pessoa e comportamentos dos sócios normalmente pouco contam*. Dessa forma, a inclusão

---

[232] COUTINHO DE ABREU, "Curso...", ob. cit., pág. 321.

[233] Nomeadamente por introdução de uma cláusula do seguinte género: "O sócio E obriga-se perante a sociedade, com a correspondente obrigação desta, a prestar a sua actividade de motorista de pesados nas condições de remuneração e outras fixadas nos instrumentos aplicáveis de regulamentação colectiva de trabalho", ALBINO MATOS "Constituição de sociedades...", ob. cit., pág. 191.

da obrigação de efectuar prestações acessórias, porque torna relevante a pessoa do sócio, faz surgir um potencial relevo de factos relacionados com a sua pessoa e comportamento que tenham força suficiente para criar um conflito entre este e a sociedade, em termos da sua resolubilidade exigir a atribuição a esta de um direito de exclusão.

2.2.5. Em que os administradores sejam sócios (390.º n.º 3)

A matéria relativa a *corporate governance* foi uma das que mais alterações sofreu por via da reforma introduzida pelo Decreto-lei n.º 76 – A/2006, de 29 de Março[234] mas a verdade é que a hipótese de que tratamos se mantém inalterada. Referimo-nos à questão de saber se os sócios de uma SA podem ser administradores e, nomeadamente, à norma do art. 390.º n.º 3, onde se diz que *"Os administradores podem não ser accionistas, mas devem ser pessoas singulares com capacidade jurídica plena"*. Diríamos que, *a contrario*, os sócios poderão efectivamente ser administradores de uma sociedade anónima, apesar de actualmente a lei evidenciar preferência pela formulação permissiva e que atribui expressamente a possibilidade de a administração ser composta por não sócios[235]. A verdade é que tal formulação tem em vista as naturais tendências de especialização que se foram verificando com a evolução das sociedades anónimas e com a progressiva «inépcia» dos sócios para exercerem tais funções, que passam a ser atribuídas a «*managers*», pessoas devidamente qualificadas na área de actuação da sociedade em causa[236].

No entanto, tal não constitui uma obrigação, como desde logo decorre da formulação do preceito citado, pelo que pode perfeitamente suceder que numa qualquer sociedade anónima (preferencialmente numa SA pequena ou familiar) a administração seja confiada a sujeitos que são igualmente sócios. E sem pretender entrar na discussão relativa à proble-

---

[234] Acerca da matéria em causa ver COUTINHO DE ABREU "Governação das Sociedades Comerciais", 2006 e ainda PAULO OLAVO CUNHA "Direito das sociedades comerciais", ob. cit., pág. 576 e ss. (para a sociedade anónima).

[235] Diferentemente do que aliás se dispunha em formulações anteriores do preceito em causa, nomeadamente no Código Comercial de 1888. Para o enquadramento histórico e evolução legislativa da questão em causa ver NOGUEIRA SERENS, "Notas...", ob. cit., págs. 55 a 67.

[236] NOGUEIRA SERENS, "Notas...", ob. cit., pág. 6.

mática da cessação de funções de sócios-administradores[237], diremos apenas que a relação destes com a sociedade se caracteriza por uma inegável maior proximidade, o que tem consequências sobretudo ao nível da intensidade dos deveres de lealdade que sobre tais sócios passam a recair[238-239] – dever de fidelidade esse cuja violação constituirá eventualmente justa causa de exclusão.

2.2.6. Que constituam uma firma-nome (275.º n.º 1)

Apesar de se tratar de um elemento *formal* a sua importância não deve ser desconsiderada quando o que se trata é configurar uma SA em que predominem elementos personalísticos.

A firma é um sinal distintivo de destinação subjectiva que tende a distinguir os comerciantes (e as sociedades comerciais são comerciantes por natureza) entre si, sendo aliás um elemento que deve constar obrigatoriamente do contrato de sociedade, nos termos do art. 9.º n.º 1, al. c) CSC e art.18.º, 1.º CCom.

---

[237] Caducidade, renúncia, destituição (*ad nutum* ou justificada), problemas que se podem levantar especificamente pelo facto de o administrador ser igualmente sócio: pode ele ser destituído da gerência com justa causa e permanecer como sócio?

[238] Acompanhamos neste ponto ANTÓNIO CAEIRO, "Temas de direito das sociedades", Almedina, Coimbra, 1984, pág. 73, nota (1), quando refere que este dever ou princípio de direito societário é tanto mais intenso quanto mais radical for a estrutura personalista da sociedade em causa e que atingirá a sua máxima força quando alguns ou todos os sócios forem gerentes" (ou administradores, acrescentamos nós.)

[239] No que diz respeito aos deveres de lealdade que impendem sobre os sócios, administradores ou não, é elucidativo o estudo de MENEZES CORDEIRO, "A lealdade no direito das sociedades", ROA, Ano 66. – Vol. III – Dez. 2006, onde refere que "...*a lealdade, no campo das sociedades, toma diversas configurações. Analiticamente, podemos distinguir:*

– *a lealdade dos accionistas entre si: designadamente da maioria para com a minoria mas, também, inversamente;*
– *a lealdade dos accionistas para com a sociedade;*
– *a lealdade dos administradores para com a sociedade;*
– *a lealdade dos administradores para com os accionistas.*"
http://www. oa. pt/Conteudos/Artigos/detalhe artigo. aspx?idc=31559&idsc==54103&ida=54129

De referir ainda a norma do art. 64.º CSC onde se referem expressamente deveres – de lealdade e de cuidado – que impendem sobre os gerentes e os administradores.

Inicialmente as sociedades anónimas não podiam constituir a firma com o nome dos sócios, mas apenas uma denominação (daí a preferência do nosso legislador pela expressão sociedade *anónima* e não sociedade por acções). A partir do momento em que é permitida a aposição do nome daqueles na constituição da firma esta deixa de ser tão anónima como inicialmente se pretendia[240], emergindo a pessoa dos sócios como elemento importante da sociedade de capitais.

Mas a verdade é que a firma, independentemente da forma da sua composição, uma vez adoptada passa a existir enquanto nome da sociedade, distinguindo-a, enquanto comerciante, dos demais. Passa a ser o nome comercial da sociedade, aquele pelo qual ela é conhecida no tráfego, elemento que é seguramente apto para lhe conferir um determinado *goodwill* ou bom-nome, construindo uma certa reputação a que por sua vez não serão alheias – sobretudo quando nos estejamos a referir a uma firma com nomes – as concretas pessoas com cujo nome se constituiu a firma em causa. Por outras palavras, o facto de nas sociedades anónimas a firma se constituir com o nome de um, alguns ou todos os sócios não será despiciendo desde logo para a própria sociedade, mas também para todos os que com ela venham a contactar, *maxime*, os credores sociais. Estes, em face de uma concreta firma, passam a formar a legítima convicção de que determinados sujeitos são sócios, decidindo contratar com base em múltiplos argumentos, mas igualmente com base na ideia de segurança que a presença de tais sócios lhes confere (mesmo sabendo--se que os seus patrimónios individuais não respondem pelas dívidas sociais).

Daí que nestas sociedades se verifique uma especial relação de proximidade com a pessoa dos sócios, surgindo a relevância destes da grande visibilidade que resulta da composição da firma. Aliás, torna-se interessante a discussão acerca das dificuldades de regime ocasionadas pela saída forçada de um sócio que tenha contribuído com o seu nome para a composição da firma da sociedade, atentos os interesses desta em permanecer no tráfego com a firma pela qual é conhecida[241].

---

[240] Quando passou a ser admitida a constituição de uma firma-denominação (em 1931 com o Decreto n.º 196398) "...*a sociedade anónima deixou de ser tão anónima como originariamente se tinha desejado que fosse...*", Nogueira Serens, "Os Quinze Anos de Vigência do Código das Sociedades Comerciais", pág. 194 e 195.

[241] A questão coloca-se no âmbito do art. 32.º n.º 5 RRNPC, onde se estabelece que em caso de saída de sócio, por qualquer causa, a firma da sociedade deve ser alterada se para a sua continuação o sócio não tiver dado consentimento. A resolução

deste previsível conflito passa seguramente pela ponderação ou predominância de um de dois princípios – são eles o princípio da verdade do sinal distintivo e o princípio da continuidade da empresa (sociedade). O princípio da verdade, previsto legalmente no art. 32.º n.º 1 RRNPC, refere que "Os elementos componentes das firmas e denominações devem ser verdadeiros e não induzir em erro sobre a *identificação*, natureza ou actividade do seu titular", numa clara ideia de tutela da aparência (da sociedade e da sua titularidade) e protecção de terceiros, que em face de uma firma (no caso, uma firma-nome ou com nomes) confiam na presença do sócio – que afecta o seu nome à composição da firma – em tal sociedade. Logo, a firma não deve conter o nome de pessoas que dela não façam parte, ou *já* não façam parte. No entanto, há que ponderar ainda o princípio da continuidade, entendido como continuidade do *goodwill* de uma sociedade (ou empresa) de onde sai um dos sócios, e continuidade que muitas das vezes passará pela identificação que terceiros façam dela, no momento actual (pós-saída do sócio) com a ideia que dela tinham antes de tal saída. E decerto que poderá haver dificuldades de identificação quando a firma-nome actual já não contiver o nome do sócio que saiu. *Quid iuris*? Tutelar a aparência e a verdade das firmas (e de forma complementar, direitos de personalidade do sócio que pretende sair)? Tutelar a continuidade da *empresa*, nomeadamente evitando a dispersão da clientela, gerada pela falta de identidade entre a actual firma e a firma que era já conhecida no mercado? A solução defendida por NOGUEIRA SERENS, "Os Quinze Anos de Vigência do Código das Sociedades Comerciais", AAVV, pág. 193 e ss., passa pela consideração da história da regulamentação das firmas entre nós e passa ainda por uma distinção entre sociedades em nome colectivo, por um lado, e sociedades por quotas e anónimas, por outro. É que sendo a firma um elemento obrigatório para todos os comerciantes (inclusive os que o são por natureza, as sociedades comerciais), art. 18.º n.º 1 CCom, já a firma-nome ou com nomes só é obrigatória no caso das sociedades em nome colectivo, 177.º n.º 1 CSC (e também nas sociedades em comandita, art. 467.º CSC). Com isto pretende dizer-se que a regra do referido art. 32.º n.º 5 RRNPC só tem realmente sentido no caso em que a firma de uma sociedade tenha de ser obrigatoriamente composta pelo *nome* dos sócios, pois se tal não é uma faculdade, mas antes uma imposição, deixa de ser válido dar prevalência ao princípio da continuidade sobre o princípio da verdade – porque a formação de *goodwill* baseado na firma-nome não partiu de uma decisão voluntária das partes; se ela se formou foi por mero acaso para o qual não contribuiu a vontade dos sócios, que se viram obrigados a apor o seu nome para a constituição da firma. Já o mesmo não se poderá dizer nos casos em que, sendo a firma-nome uma mera faculdade concedida aos sócios, eles tenham optado por ela – onde se poderá dizer que a formação de *goodwill* baseada na firma se ficou a dever a vontade expressa dos sócios (que eventualmente acharam que o seu nome iria criar valor próprio e contribuir para a sociedade adquirir valor ou posição de mercado). Ora, se assim é, não se pode fazer cessar abruptamente esse *goodwill*, apenas porque um dos sócios saiu. Na verdade, pode mesmo considerar-se que o acordo de que fala a parte final do artigo 32.º n.º 5 RRNPC é dado *ex ante*, precisamente no momento em que o sócio decide voluntariamente ceder o (direito de uso do) seu nome para a constituição

2.2.7. Capital social mínimo (276.º n.º 3)

O capital social é a "cifra representativa da soma dos valores nominais das participações sociais fundadas em entradas em dinheiro e/ou espécie"[242], não se confundindo com o património social, também denominado de "capital próprio". Referimo-nos aqui ao capital social unicamente para demonstrar que a dimensão (capitalística) da SA na actualidade não se identifica necessariamente com a grande sociedade anónima, sendo aliás o valor mínimo exigido por lei para a sua composição perfeitamente compatível com a prossecução de uma actividade de cariz familiar. De acordo com o art. 276.º n.º 3 o valor nominal mínimo do capital social é de € 50 000 (10.000.000$00), pelo que uma sociedade que se constituir com um capital social que se situe perto desta cifra será, pelo menos inicialmente, uma pequena sociedade anónima, eventualmente uma sociedade fechada e familiar, onde ganha relevo a pessoa dos sócios e onde o carácter tipicamente capitalista aparece diluído entre elementos personalistas (veja-se aliás que entre nós não vale o *princípio da adequação do capital social ao exercício da empresa*). Apesar de se tratar de um argumento tão-só formal e indiciário de uma relação societária de reduzidas dimensões não deve contudo ser de todo desconsiderado, tendo presente a necessidade de atender à realidade como ponto de partida para a compreensão e realização do direito.

---

da firma (nos casos em que, como dissemos, a firma-nome seja mera opção). Admitir o contrário será desrespeitar princípios como o nosso conhecido *ubi commoda, ibi incommoda*, ou mesmo dar azo a que se recorra ao instituto do abuso de direito. Daí que mediante o circunstancialismo exposto seja de admitir a prevalência do princípio da continuidade sobre o princípio da verdade, procedendo-se a uma redução teleológica da norma que exige o consentimento expresso do sócio que deixa a sociedade para que esta continue a usar o seu nome na composição da firma. E dir-se-á mais: o princípio da verdade não pode ser dogmatizado por duas razões muito simples. Por um lado ele é subalternizado face ao consentimento do sócio para que se continue a usar o seu nome após a saída da sociedade (quer se entenda que esse consentimento se dá pela voluntária concessão do nome para constituição da firma de uma sociedade que tem a firma-nome como apenas facultativa; quer seja um consentimento expresso nos termos literais do 32.º n.º 5 RRNCP), mas ainda porque, como refere COUTINHO DE ABREU, "...com respeito às sociedades, os terceiros têm a possibilidade de saber que uma pessoa com nome na firma deixou de ser sócio – v, CRCom, art. 3.º, c), e), g), h), i), j).", *Curso de Direito Comercial*, vol. I, 5.ª edição, pág. 151, nota 153.

[242] PAULO DE TARSO DOMINGUES, "Capital e património sociais, lucros e reservas", in *Estudos de direito das sociedades*, AAVV, pág. 134.

2.2.8. Número mínimo de sócios (273.º n.º 1)

Tal como no número precedente, trata-se apenas de um elemento indiciador da dimensão da SA, permitindo-nos presumir que a diminuta dimensão da sociedade é indício da possibilidade de se tratar de uma sociedade fechada ou familiar, onde se cria o ambiente propício para a assunção de um papel de relevo da pessoa do sócio – atendendo ao reduzido tamanho da sociedade, comprovado pelo reduzido número de sócios, cada um destes está a par dos seus destinos, tal como a sociedade estará sempre informada acerca da pessoa dos sócios. E por se tratar de um meio mais pequeno ou menos disperso, onde cada sócio detém uma grande percentagem dos direitos de voto, certamente um facto ou conduta deste terá mais relevo e mais facilmente chocará com a realização do fim social do que os factos que sucedem numa grande sociedade anónima, onde algumas vezes não se sabe quem são os sócios (titulares de acções ao portador) – imagine-se o caso de prática de actividade concorrente com a da sociedade, que pode frustrar mesmo a continuidade desta em benefício de um dos sócios, que se pode ter servido da sociedade como rampa de lançamento para uma actividade em nome individual.

2.2.9. Previsão de casos em que se impõe ou permite a amortização das participações sociais

O facto de actualmente ser permitida a amortização de acções é revelador de uma personalização da SA em dois níveis distintos: num primeiro nível diríamos que esta poderá funcionar como um sucedâneo para a exclusão ou constituirá mesmo uma forma de conseguir os mesmos efeitos, se bem que por via da extinção da participação social. Havendo um regime próprio para a amortização de acções – como não há para a exclusão – este poderá na verdade ser o expediente usado para proceder a uma exclusão *dissimulada*, nos casos em que a amortização funcione como sanção. Porém, esta apenas existirá na medida em que haja previsão anterior, legal ou contratual, não podendo ser invocada em litígio para resolver um conflito subjacente, ao contrário do que pensamos poder suceder no caso de exclusão, sempre que haja justo motivo e sempre que essa seja a forma de obstar à dissolução da sociedade ou a um seu *apodrecimento* pelo alastrar dos efeitos do *ramo seco* que no seu seio se criou.

Porém, a personalização que é introduzida pela possibilidade de amortização de acções verifica-se igualmente a um outro nível. Referimo--nos à possibilidade de esta ser estabelecida com intuito de obstar à entrada de sujeitos indesejados na sociedade, que sucederá no caso de um dos sócios pretender transmitir a sua participação social – a sociedade prefere a extinção da participação social e consequente redução do capital social à entrada de novos sócios. Aí o *intuitus personae* é manifesto. Pretende restringir-se o acesso à sociedade apenas a pessoas da mais estrita confiança, pelo que não será de todo irrelevante para estas sociedades o elemento personalístico.

Ora, sendo essa confiança estreita, facilmente pode ser quebrada, degenerando no seio da sociedade um mal-estar que pode impedir a realização do desiderato desta, sendo de considerar a possibilidade de exclusão de sócio como *"remédio"* para uma situação patológica de existência de interesses inconciliáveis.

2.2.10. Outros casos onde se revela a personalização da SA

Existem ainda outros casos onde a personalização da SA é manifesta – exigência de quórum reforçado para a deliberação em certas matérias, arts. 383.º e 386.º, introdução de limites ao direito de voto, art. 384.º n.º 2, atribuição de direitos especiais a determinadas categorias de acções, art. 24.º n.º 4, constituição do dever de a direcção obter o prévio consentimento do conselho geral (quando exista) para a prática de determinadas categorias de actos[243], art. 442.º n.º 1, a existência de *golden shares*, a impossibilidade de converter acções nominativas em acções ao portador – e todos eles pretendem demonstrar que na verdade o tipo SA é bastante maleável, residindo porventura nessa sua característica a causa do seu sucesso, da sua longevidade e da sua proliferação crescente como forma de organização das mais diversas actividades, sejam elas empresas, hospitais ou clubes desportivos.

Daí que não faça (sobretudo hoje) sentido defender que o único modelo de SA admitido redunda num *"instrumento talhado à medida dos empreendimentos económicos de grande vulto –, com o seu processo formativo complicado, a exigência de um número mínimo de accionistas, a rigidez da sua orgânica, o seu funcionamento pesado, o carácter*

---

[243] SOVERAL MARTINS, "Cláusulas do contrato...", ob. cit., pág. 18.

imperativo da grande maioria das normas próprias do tipo, a fácil circulabilidade de acções, a frouxa ou nula vinculação dos sócios à empresa colectiva"[244], elementos que hoje estão relativizados e alguns dos quais são regulados por normas supletivas que facilmente são afastáveis por vontade das partes.

Acresce a todos os argumentos que acabaram de ser aduzidos para a defesa da co-existência[245] de dois tipos diferenciados dentro do mesmo regime relativo à SA a experiência que nos é trazida pelo direito estrangeiro, onde mais cedo "a seiva estuante da vida veio fecundar o mundo do direito e propiciar o aparecimento duma nova instituição"[246] – a sociedade anónima fechada.

2.3. O reconhecimento *legal* de sociedades anónimas com *intuitus personae*

2.3.1. Close corporations act

Foi nos Estados Unidos da América que se começou inicialmente a sentir tanto a insuficiência de um regime estandardizado para regulamentar diversas possibilidades de constituição de uma SA (referimo-nos ao seu equivalente naquela jurisdição) como a necessidade de estabelecimento de um regime próprio para a pequena SA.

Foi em 1955, que a *"North Carolina took the first, cautious step toward special close corporation legislation by adding a provision to its*

---

[244] FERRER CORREIA "A sociedade por quotas...", ob. cit., pág. 660.

[245] "Na verdade o legislador nacional optou por permitir esta atenuação do cariz capitalístico da sociedade anónima em lugar de adoptar dois regimes distintos: um para as sociedades anónimas com elevado número de accionistas, com acções admitidas à negociação em mercado de valores mobiliários, e outro para as sociedades anónimas com reduzido número de sócios, que não recorre àqueles mercados e tem, muitas vezes, características familiares", SOVERAL MARTINS, "Cláusulas do contrato...", ob. cit., págs. 18 e 19. Porém, trata-se de uma opção criticável na medida em que *"a dual corporation law regime, that is, separate statutory schemes for general and close corporations, would provide at best limited benefits while creating potentially serious problems"*, DENNIS S. KARJALA, "An analysis of close corporation legislation in the United States", http://homepages. law. asu. edu/~dkarjala/Articles/AzStLJFall1989. html – FN;Fa

[246] ANTÓNIO CAEIRO "Exclusão estatutária...", ob. cit., pág. 109.

general corporation law specifically validating unanimous written agreements among shareholders of companies whose shares are not publicly traded". Trata-se do reconhecimento legal das diferenças que podem existir no âmbito da conformação contratual que as partes conferem a um determinado tipo societário e da concreta modelação que dele fazem na vida negocial.

Particularmente reveladores desta utilização são algumas das disposições que caracterizam o regime jurídico das *close corporations* norte-americanas. "*A corporation may at its incorporation have one or more members, but at no time shall the number of members exceed ten*" (28. Number of members) – pelo que estas serão obrigatoriamente sociedades com um restrito substrato pessoal, serão por isso sociedades pequenas e onde as relações entre os sócios se caracterizam por uma estreita confiança e por uma rede de deveres que os obriga nas relações internas.

Part V

Internal relations (ss. 42-52)

42. Fiduciary position of members

(1) Each member of a corporation shall stand in a fiduciary relationship to the corporation.

(2) Without prejudice to the generality of the expression 'fiduciary relationship', the provisions of subsection (1) imply that a member-

(a) shall in relation to the corporation act honestly and in good faith, and in particular-
   (i) shall exercise such powers as he may have to manage or represent the corporation in the interest and for the benefit of the corporation; and
   (ii) shall not act without or exceed the powers aforesaid; and

(b) shall *avoid any* material *conflict* between his own interests and those of the corporation, and in particular-
   (i) shall *not derive any personal economic benefit* to which he is not entitled by reason of his membership of or service to the corporation, from the corporation or from

> any other person in circumstances where that benefit is obtained in *conflict with the interests of the corporation*;
> (ii) *shall notify every other member*, at the earliest opportunity practicable in the circumstances, of the nature and extent *of any direct or indirect material interest which he may have in any contract of the corporation*; and
> (iii) *shall not compete in any way with the corporation in its business activities*.
>
> (3)
>
> (a) A member of a corporation whose act or omission has breached any duty arising from his fiduciary relationship shall be liable to the corporation for-
> (i) any loss suffered as a result thereof by the corporation; or
> (ii) any economic benefit derived by the member by reason thereof.
> (b) Where a member fails to comply with the provisions of subparagraph (ii) of paragraph (b) of subsection (2) and it becomes known to the corporation that the member has an interest referred to in that subparagraph in any contract of the corporation, the contract in question shall, at the option of the corporation, be voidable: Provided that where the corporation chooses not to be bound a Court may on application by any interested person, if the Court is of the opinion that in the circumstances it is fair to order that such contract shall nevertheless be binding on the parties, give an order to that effect, and may make any further order in respect thereof which it may deem fit.
>
> (4) Except as regards his duty referred to in subsection (2) (a) (i), any particular conduct of a member shall not constitute a breach of a duty arising from his fiduciary relationship to the corporation, if such conduct was preceded or followed by the written approval of all the members where such members were or are cognisant of all the material facts.

Mas o mais significativo para o tema sobre que agora nos debruçamos é a norma relativa à "*Cessation of membership by order of Court*" (36), a qual decidimos reproduzir por ser reveladora do *intuitus personae* existente nestes tipos de sociedades que justifica a necessidade de se considerar a possibilidade de exclusão.

(1) On application by any member of a corporation a Court may on any of the following grounds order that any member shall *cease to be a member* of the corporation:

(a) Subject to the provisions of the association agreement (if any), that the member is *permanently incapable*, because of unsound mind or any other reason, *of performing his part in the carrying on of the business* of the corporation;

(b) that the member has been *guilty of such conduct* as taking into account the nature of the corporation's business, *is likely to have a prejudicial effect on the carrying on of the business*;

(c) that the member so conducts himself in matters relating to the corporation's business that it is not *reasonably practicable for the other member or members to carry on the business of the corporation with him*; or

(d) that circumstances have arisen which render it *just and equitable* that such member should cease to be a member of the corporation:

Provided that such application to a Court on any ground mentioned in paragraph (a) or (d) may also be made by a member in respect of whom the order shall apply.

(2) A Court granting an order in terms of subsection (1) may make such further orders as it deems fit in regard to-

(a) the acquisition of the member's interest concerned by the corporation or by members other than the member concerned; or

(b) the amounts (if any) to be paid in respect of the member's interest concerned or the claims against the corporation of that member, the manner and times of such payments and the persons to whom they shall be made; or

(c) any other matter regarding the cessation of membership which the Court deems fit.

Resumindo, admite-se que neste tipo de sociedades e por causa dos deveres e da especial proximidade que ligam os sócios haverá a necessidade de se tomar em consideração que um deles pode criar uma situação de conflito que obste a que os outros sejam obrigados a suportar a sua presença (como se refere, it is not *reasonably practicable for the other member or members to carry on the business of the corporation with him*).

Tem-se igualmente em consideração como causas de exclusão a situação de incapacidade superveniente do sócio, bem como qualquer seu comportamento que impeça a prossecução do objecto social. Por fim, e como cláusula geral, admite-se que, na presença de *justos motivos* (*just and equitable*) se haja de proceder à exclusão de sócio neste tipo de sociedades[247].

2.3.2. *Societé par actions simplifiée*[248]

A *sociedade por acções simplificada* começou por ser originariamente prevista (na Lei francesa de 3 de Janeiro de 1994) como um instrumento ou mecanismo de cooperação entre grandes sociedades, o que tem reflexos na ideia de que só sociedades com um capital social superior a 230 mil euros podiam constituir tal tipo.

Porém, com a Lei n.º 99-587 de 12 de Julho de 1999, o regime da SAS foi amenizado de forma a tornar-se acessível a pequenas sociedades, tendo surgido a sua denominação – Societé *par actions* simplifiée. Trata-se por isso de uma sociedade por acções (entre nós com a designação

---

[247] O que vem no seguimento de uma ideia aflorada entre nós por BAPTISTA MACHADO, "Estudos em homenagem ao Prof. Teixeira Ribeiro", II, Jurídica, Coimbra, 1979, pág. 359: "Pode dizer-se (...) que nos contratos de que decorre uma relação particularmente estreita de confiança mútua e de leal colaboração, tais como o contrato de sociedade (...), todo o comportamento que afecte gravemente essa relação põe em perigo o próprio fim do contrato, abala o fundamento deste, e pode justificar, por isso, a resolução". Da mesma forma se pode dizer que existe um princípio geral de direito privado segundo o qual todas as relações jurídicas duradouras se podem dissolver sempre que para tanto exista um motivo grave. Trata-se de uma ideia igualmente expressa em AVELÃS NUNES, "O direito de exclusão de sócios...", ob. cit., pág. 56 e ss.

[248] Para uma aproximação ao seu regime ver FRÉDÉRIC MASQUELIER E NICOLAS SIMON DE KERGUNIC, "Societé par actions simplifiée, Création, Gestion, Évolution", 3e édition, Delmas, 2002.

de sociedade anónima), pelo que cada sócio limita a sua responsabilidade ao valor das participações sociais que subscreveu (*apport*).

A SAS insere-se no falado movimento de personalização daquela que começou por ser tão-só sociedade capitalística, o que tem reflexos nos mais variados aspectos do seu regime. Apesar de se tratar de uma sociedade por acções é possível estabelecer cláusulas de inalienabilidade das participações sociais, contanto que não tenham duração superior a 10 anos: "*Les statuts de la société peuvent prévoir l'inaliénabilité des actions pour une durée n'excédant pas dix ans.*" (Article L227-13).

Da mesma forma os estatutos podem ainda prever cláusulas de transmissão obrigatória das participações sociais: "*Dans les conditions qu'ils déterminent, les statuts peuvent prévoir qu'un associé peut être tenu de céder ses actions. Ils peuvent également prévoir la suspension des droits non pécuniaires de cet associé tant que celui-ci n'a pas procédé à cette cession*", (Article L227-16), o que leva alguns autores a considerar igualmente possível, com tal fundamento, a exclusão de sócio. Consideram esta como uma vantagem possibilitada pelo regime da SAS, enquanto que outros defendem que o contrato de sociedade pode estabelecer as condições nas quais um sócio pode ser excluído, nomeadamente pelo estabelecimento de cláusulas de *rachat*, ou funcionando estas como forma de levar a cabo a exclusão, sobretudo como resposta para o caminho a dar à participação social[249].

Como fundamento legal para a exclusão neste tipo de sociedades invocam-se por isso os artigos L227-16 e L227-17, onde se estabelece a possibilidade de, mediante determinadas condições, o sócio ser obrigado a ceder as suas acções[250] e a possibilidade contratual de exclusão caso a sociedade sócia da SAS veja modificado o seu controlo[251].

---

[249] Como exemplo de cláusula contratual de exclusão admissível, "L'exclusion d'un associé est possible, pour faute grave commise par ce dernier ou de mésentente entre associés. La décision est prise en assemblée générale à l'unanimité des autres associés. L'associé concerné est entendu lors de cette assemblée. Les actions détenues par ce dernier devront être rachetées par un ou plusieurs associés ou par la société dans un délai de six mois après l'assemblée à la valeur déterminée lors de la dernière assemblée générale ordinaire ou à défaut à la valeur déterminée par l'expertise comme prévu à l'article 10-1.»

[250] Article L227-16. «Dans les conditions qu'ils déterminent, les statuts peuvent prévoir qu'un associé peut être tenu de céder ses actions. Ils peuvent également prévoir la suspension des droits non pécuniaires de cet associé tant que celui-ci n'a pas procédé à cette cession.»

[251] Article L227-17 «Les statuts peuvent prévoir que la société associée dont le contrôle est modifié au sens de l'article L. 233-3 doit, dès cette modification, en informer

Tudo isto porque neste tipo de sociedades, atendendo às suas dimensões e a todo o circunstancialismo que lhe é envolvente, a pessoa do sócio apresenta um papel de relevo, surgindo mais uma vez o direito de exclusão como forma de temperar e equilibrar os poderes e os interesses que se geram no seio da sociedade.

2.3.3. Sociedade europeia fechada

No que ao direito comunitário diz respeito a verdade é que está em estudo a possibilidade de criação de uma Sociedade Europeia Fechada que corresponderá a uma "forma opcional de sociedade (que) responderia às necessidades das PME que desenvolvem actividades em mais de um Estado-Membro"[252]. Tal regulamentação está hoje dependente de um «estudo de viabilidade a fim de identificar claramente as vantagens práticas da introdução de um estatuto relativo à SEF, bem como os problemas conexos».[253]

---

la société par actions simplifiée. Celle-ci peut décider, dans les conditions fixées par les statuts, de suspendre l'exercice des droits non pécuniaires de cet associé et de l'exclure. Les dispositions de l'alinéa précédent peuvent s'appliquer, dans les mêmes conditions, à l'associé qui a acquis cette qualité à la suite d'une opération de fusion, de scission ou de dissolution.»

[252] Parecer do Comité Económico e Social Europeu sobre a «Comunicação da Comissão ao Conselho e ao Parlamento Europeu: Modernizar o direito das sociedades e reforçar o governo das sociedades na União Europeia – Uma estratégia para o futuro», disponível para consulta em http://eur-lex. europa. eu/LexUriServ/site/pt/oj/2004/c_080/ c_08020040330pt00120016._pdf.

[253] Eis o texto relativo à sociedade europeia fechada:
«4.10. No passado, o Comité expressou já o seu largo apoio à elaboração de um estatuto opcional neste domínio. Por conseguinte, o Comité aprova a iniciativa da Comissão de lançar a curto prazo um «estudo de viabilidade a fim de identificar claramente as vantagens práticas da introdução de um estatuto relativo à SEF, bem como os problemas conexos».

O Comité defende a rápida aplicação deste estatuto que irá responder às necessidades das PME. *Sociedade Cooperativa Europeia e outras formas jurídicas de empresas da UE*

4.11. O Comité sublinha que, em Julho de 2003, o Conselho adoptou o regulamento relativo ao estatuto da Sociedade Cooperativa Europeia e a directiva que completa o estatuto da Sociedade Cooperativa Europeia no que diz respeito ao envolvimento dos trabalhadores.

4.11.1. O Comité apoia, por outro lado, as iniciativas que têm em vista a adopção opcional de novas formas jurídicas de empresas a nível europeu, porquanto o sector das

Igualmente relevante nesta matéria parece ser a «Recomendação da Comissão, de 7 de Dezembro de 1994, sobre a transmissão das pequenas e médias empresas (Texto relevante para efeitos do EEE) (94/1069/CE)», onde se estabelece a necessidade de [art. 4.º b)] *"Permitir que as pequenas e médias empresas possam organizar-se sob forma de sociedades anónimas, com um número muito limitado de accionistas. A criação e a gestão destas sociedades anónimas seriam simplificadas relativamente às das grandes sociedades anónimas cujos títulos são amplamente divulgados junto do público"*, o que não revela mais do que a tendência actual de instituição de um tipo de sociedade anónima que faria a ponte entre a grande sociedade de capitais e a sociedade por quotas. Tratar-se-á de uma pequena e fechada sociedade anónima onde eventualmente seja de configurar como possível o estabelecimento de um direito de exclusão cuja necessidade emerge, como sabemos, sempre que numa concreta sociedade a pessoa do sócio revele um estatuto susceptível de conflituar com o interesse social e de impedir a prossecução do mesmo.

---

cooperativas e o das mútuas devem poder dispor de instrumentos que lhes permitam beneficiar plenamente das vantagens do mercado europeu integrado.

Reforço da transparência das formas jurídicas nacionais de empresas

4.12. O Comité partilha a preocupação expressa pela Comissão neste domínio e a necessidade de analisar, a médio prazo, o âmbito e a natureza da recomendação a adoptar, caso necessário.

5. Conclusão

5.1. O Comité aprova a maneira como a Comissão aborda este tema. Tal se insere no contexto de uma nova fase de harmonização do direito das sociedades e do reforço do governo das mesmas. O plano de acção leva em conta a dimensão transfronteira das relações comerciais. Em especial no que diz respeito à governação da empresa, o Comité é a favor da determinação rápida dos princípios básicos reconhecidos internacionalmente no domínio da boa gestão.

5.2. Este plano trata essencialmente das relações entre os accionistas, os investidores e as sociedades com vista a uma gestão mais eficaz. O Comité recorda que a acção da Comissão se deve enquadrar numa política mais global a favor das empresas que tenha em conta a protecção dos trabalhadores.», (http://eur-lex. europa. eu/LexUriServ/site/pt/oj/2004/c_080/c_08020040330pt00120016._pdf)

3. FORMAS DE INTEGRAÇÃO OU SUPRESSÃO DA LACUNA. POSSIBILIDADES DE CONFIGURAÇÃO DE UM REGIME JURÍDICO COM BASE NA LEI

Partindo da ideia de que hoje se revela necessária a existência de um direito de exclusão tendo em conta um certo tipo de sociedade anónima, que acabámos de caracterizar, resta-nos indagar acerca das possibilidades de conformação de um regime que suprima a insuficiência legislativa. Como também já tivemos oportunidade de dizer, as dúvidas só cessarão quando o legislador se pronunciar especificamente sobre a matéria em causa, mas não obstante isso não devemos deixar de tentar encontrar uma solução que se possa retirar ainda do nosso direito positivo e que possa fundamentar, numa base de certeza, as construções doutrinais e as decisões jurisprudenciais[254].

Deixamos ainda a dúvida quanto ao caminho a seguir no que diz respeito à específica regulamentação de todo o regime relativo à sociedade anónima – deverá manter-se a opção por um regime legal unitário que permite concretas e diferentes conformações contratuais, ou deverá fazer-se surgir mais um (sub-)tipo adequado às pequenas SA? É algo sobre o qual o legislador deverá reflectir, a não ser que tal venha a ser imposto pelo direito comunitário, a que actualmente estamos (inexoravelmente) vinculados.

3.1. Interpretação extensiva. Os artigos 285.º e 287.º

A primeira solução que poderá ser viável parte da consideração de que há certos casos em que a exclusão de sócio é permitida, mesmo tratando-se de uma SA. Cuidámos já de desenvolver a interpretação de duas normas onde nos parece estarem contidas específicas causas de exclusão[255], restando saber se tais causas podem ser estendidas para além das hipóteses concretas a que dizem respeito.

---

[254] Na verdade a correcta resolução do conflito de interesses não pode deixar de tomar em consideração a certeza jurídica, pelo que, qualquer que seja a solução preferível, ela deve reflectir o Direito em termos das suas prescrições serem facilmente cognoscíveis daqueles a que afinal se aplicam. Acerca da *certeza jurídica* ver MANUEL DE ANDRADE, "Sentido e valor da Jurisprudência", Coimbra, 1973, págs. 15 e 16.

[255] Ver *supra*, ponto 3. 4.

As normas são, já o sabemos, os arts. 285.º e 287.º CSC, que estabelecem causas de exclusão com pressupostos e requisitos diferentes, em caso de incumprimento da obrigação de entrada e no caso de incumprimento da realização de prestações acessórias, respectivamente. Distinguem-se ainda pelo facto de, no primeiro dos casos, a exclusão resultar (directamente) da lei, enquanto que no segundo caso resultará do contrato.

A hipótese que agora se coloca é a de saber se o espírito de cada uma das normas não transcende a sua própria letra, em termos de se proceder a uma interpretação extensiva (ou mesmo teleológica) que permita ser mais abrangente e alargar o âmbito de aplicação do direito de exclusão neste tipo societário.

3.1.1. *A exclusão como consequência para o incumprimento da obrigação de realizar qualquer contribuição pecuniária*

O art. 285.º sanciona com a exclusão, *grosso modo*, o incumprimento da obrigação de realizar as entradas. Há por isso que perceber o fundamento da norma e compreender os interesses que esta visa tutelar.

Pode dizer-se que a realização das entradas é a principal obrigação numa SA, apontada unanimemente como o modelo das sociedades de capitais. Percebe-se que exista uma sanção para o seu incumprimento porque se pretende que o capital social seja correctamente formado, na medida em que é ele e só ele que passa a responder pelas dívidas sociais[256]. Ou seja, atento o regime de responsabilidade dos sócios é imperativa a realização das entradas, não se devendo permitir que permaneça na sociedade um sócio com uma participação social maior do que o valor que efectivamente realizou[257]. Daí que como fundamento da norma em causa se possa extrair a indispensabilidade da realização de *qualquer* entrada que sirva para constituir o capital social e, consequentemente, tutelar a posição jurídica dos credores da sociedade. Qualquer comportamento que desrespeite este fundamento será, de acordo com a consequência prevista no n.º 4 do art. 285.º, fundamento de exclusão do sócio.

---

[256] No que diz respeito à importância da correcta formação do capital social nas chamadas sociedades de responsabilidade limitada ver PAULO DE TARSO DOMINGUES, "Garantias da consistência do património social", *in* "Problemas de direito das sociedades", ob. cit., pág. 497 e ss.

[257] A exclusão do sócio remisso era já admitida por AVELÃS NUNES, "O direito de exclusão...", ob. cit., pág. 89, nota 100.

Como sabemos o capital social não é tão-só constituído pelas entradas *iniciais* dos sócios, podendo ocorrer, nomeadamente, aumentos de capital por realização de novas entradas ou por incorporação de reservas. Nestas operações verificam-se as mesmas exigências de certeza que levaram à consagração da possibilidade de exclusão para o caso do incumprimento da obrigação de entrada, pelo que esta deve ser alargada, por interpretação ou adaptação extensiva[258] igualmente aos demais casos em que o sócio, estando obrigado a realizar entradas[259] que sirvam para a composição do capital social, as não efectua, pondo em perigo os interesses de terceiros (*maxime*, credores sociais).

Daí que sejamos levados a admitir que o sócio que se compromete a realizar entradas em sede de aumento de capital e as não efectua estará igualmente sujeito a exclusão[260-261].

3.1.2. A exclusão com fundamento no contrato de sociedade

Já no que diz respeito ao segundo caso – exclusão com fundamento no pacto social (art. 287.º n.º 4) – as dúvidas serão maiores. Agora o fundamento da norma parece ser o de admitir que a sociedade em causa consagre ou determine *ex ante* qual a importância que para si revela o (in)cumprimento de uma *prestação acessória*, que, relembre-se, só existe na medida em que seja expressamente prevista no contrato. Ou seja, parece que *excepcionalmente* se atribuem à sociedade duas faculdades: (1) a de prever a obrigatoriedade de realização de prestações acessórias no contrato e (2) a de *sancionar* o seu incumprimento com a exclusão

---

[258] FERNANDO JOSÉ BRONZE, "Lições de introdução ao direito", pág. 848 a 850.

[259] Aliás, parece que é a própria lei que o admite, quando, no art. 89.º n.º 1, manda aplicar "às entradas nos aumentos de capital o preceituado quanto a entradas da mesma natureza na constituição da sociedade".

[260] Poderemos eventualmente configurar situação idêntica à anterior para o caso em que as prestações acessórias tenham dinheiro por objecto, o que nos levaria a admitir a consequência da exclusão para o sócio que, estando obrigado à sua realização, a não efectua, *ainda que o contrato não preveja essa consequência*.

[261] Aliás, entendimento que vai de encontro ao que se decidiu no acórdão 0012562 do TRL de 08-05-97: "*O exercício do direito de preferência, nos termos do artigo 266, n.º 5 do CSC obriga o sócio a efectivar a sua participação no aumento de capital da sociedade, deliberado em assembleia-geral, sob pena de, não o fazendo, poder ser excluído da mesma sociedade*".

do sócio. Parece então retirar-se do espírito do preceito que se trata de uma forma de "*auto-tutela*" por parte da sociedade, que define se a realização de uma prestação acessória é tão importante que ao seu incumprimento deva ser associada a consequência da exclusão, sendo certo que se não o disser foi porque a sua realização não é, em princípio, determinante[262]. E essa possibilidade não deve extravasar o domínio da norma em concreto, desde logo porque as formas de auto-tutela não devem prevalecer sobre a lei, pelo que cremos não ser possível estender o espírito para além da letra[263].

O que deveremos no entanto considerar é a possibilidade de inserir no contrato específicas causas de exclusão que se reconduzam a uma *justa causa*, ou seja, que estejam de acordo com o regime jurídico positivo previsto pelo legislador (para as SNC e SQ). No fundo, trata-se de admitir que sejam as próprias partes, no gozo da sua autonomia contratual (limitada pela existência de justa causa) a prever casos de exclusão que o legislador efectivamente não previu, mas que eventualmente teria previsto se tivesse considerado os interesses em causa.

Ou seja, se podemos retirar do regime jurídico da exclusão de sócio que esta pode ocorrer em face de uma justa causa não se vê porque não admitir que as partes estabeleçam, elas próprias, essa consequência quando a justa causa existir. A tanto pensamos que não se opõe o princípio da *livre transmissibilidade das participações sociais*[264] – já que este não é um princípio absoluto, ocorrendo inclusivamente diversas limitações ao

---

[262] Ou seja, admite-se que seja a sociedade a prever como possível a existência de um conflito no caso de incumprimento da prestação a que o sócio fica obrigado. Em princípio não haverá direito de exclusão, a não ser que a sociedade estabeleça expressamente (afastando a norma dispositiva) que o incumprimento da obrigação de realizar prestações acessórias faz surgir um conflito cuja resolução passa pela faculdade de excluir o sócio.

[263] Entendendo que o art. 287.º n.º 4 constitui uma porta aberta para se concluir pelo "(...) *carácter lícito da convenção de hipóteses de exclusão de sócios accionistas para além das situações previstas pela própria lei societária (...)*", MARCELO MENDONÇA DE CARVALHO, "Exclusão de sócios...", ob. cit., pág. 121.

[264] Princípio que se pode retirar do art. 328.º n.º 1 CSC, onde se estabelece que o contrato de sociedade não pode excluir a transmissibilidade das acções nem limitá-la para além do que a lei permitir. Há por isso autores que consideram que este artigo vem impedir que se prevejam cláusulas no contrato de sociedade que estabeleçam a exclusão como consequência para um comportamento ou situação de um sócio, na medida em que tal disposição violaria o direito de transmitir as acções, na sua vertente negativa – direito a não as transmitir.

mesmo (possibilidade de estabelecer limites à transmissibilidade das participações sociais, amortização de acções...) – nem a necessidade de tutela da posição jurídica do sócio a excluir o exige, já que nesse caso a exclusão se há-de efectuar por deliberação social, deliberação esta que pode ser impugnada judicialmente, caso em que será o juiz a avaliar a existência de justa causa e demais requisitos de que dependa a exclusão. E este controlo ou filtro por parte do juiz, ainda que *a posteriori*, é bastante para salvaguardar a posição jurídica do sócio e para justificar uma limitação à sua liberdade de transmissão das participações sociais, na sua refracção que implica a liberdade de não as transmitir[265].

Claro que neste ponto nos deparamos com uma dificuldade, que resulta antes de mais das limitações à transmissibilidade das acções e do princípio de que esta deve ser livre, princípio este que se retira do art. 328.º. Decorre expressamente do seu n.º 1 que *"O contrato de sociedade não pode excluir a transmissibilidade das acções nem limitá-la além do que a lei permitir"*. Mas será que tal implica que o contrato de sociedade não pode prever expressamente

---

[265] De resto, a exclusão não se confunde com uma transmissão forçada, o que nos pode levar à consideração de que a previsão contratual de casos de exclusão não se traduz numa limitação à transmissibilidade das acções. Pode suceder que com a exclusão não se verifique a transmissão das acções para a sociedade ou sócio, mas se venham efectivamente a extinguir (amortização). Por outro lado e apesar de se reconhecer ao sócio um direito de permanecer na sociedade (JOÃO LABAREDA, "Das Acções das Sociedades Anónimas", Lisboa, 1988, pág. 201, PEREIRA DE ALMEIDA, "Sociedades Comerciais", ob. cit., pp. 71 e ss, MARCELO MENDONÇA DE CARVALHO, "A exclusão de sócios...", ob. cit., pág. 75 e ss.) a verdade é que este é um direito que sofre várias restrições, quer relacionadas com a hipótese de abuso de direito, quer relacionadas com os especiais deveres de lealdade e cooperação que recaem sobre os sócios, bem como as restrições que derivam da especial tutela da continuidade da sociedade. Por fim, devemos proceder a uma interpretação do termo «lei» do n.º 1 do art. 328.º em sentido mais abrangente: a lei permite restringir a transmissibilidade das acções, mas as partes não podem fazê-lo, entenda-se, sem que haja apoio legal para o efeito. Mas «lei» pode equivaler aos princípios gerais de direito, englobando, por exemplo, o princípio da boa fé. Se assim for, teremos já o entendimento de que o contrato de sociedade pode excluir a transmissibilidade das acções com base na violação do princípio da boa fé, que se manifeste, por exemplo, num visível abuso de direito. A razão de ser desta norma prende-se com a exigibilidade de um fundamento legal que não permita a exclusão da transmissibilidade das acções em casos manifestamente injustificados ou por mera vontade da maioria. Porém, não deve obstar a previsões contratuais justificadas (que se reconduzam a uma justa causa) quando estas promovam o interesse social.

a exclusão de um sócio – e, consequentemente, uma limitação à transmissibilidade das acções –, mesmo que tendo em vista um comportamento culposo que ponha em causa a própria viabilidade da sociedade? Será que mesmo tendo em perspectiva um comportamento culposo e extremamente prejudicial do sócio se deve defender que jamais a sociedade se pode proteger, por via de previsão contratual, porque aquele tem *"direito à manutenção da qualidade de accionista"*[266]?

Ainda que seja esse o entendimento que parece surgir da lei, vejamos os interesses e, essencialmente, a *ratio* da solução que da estrita aplicação deste princípio resulta, a saber, impossibilidade de excluir um sócio com fundamento no pacto social, com intuito de preservar o direito deste transmitir livremente as suas participações sociais, mesmo quando, claro está, a introdução de tal cláusula foi por ele aceite, expressa ou tacitamente – de onde decorre que o mesmo estava por isso avisado de que um seu comportamento ou mera situação seria passível de o conduzir à exclusão.

Será que ao aceitarmos o preceituado na letra da lei não estamos a admitir uma solução que surge como contraditória?

Pense-se, a título exemplificativo, no caso de uma sociedade anónima fechada ou de tipo familiar onde inclusivamente se consagram limites à transmissibilidade das acções e onde se estabelece no contrato de sociedade que um sócio que furtar bens da sociedade ou os usar em actividade paralela, assim criando prejuízos graves à sociedade, será excluído. Em face de um comportamento que preenche os termos do conteúdo da cláusula, será de a considerar nula por contrária ao princípio da livre transmissibilidade das acções – com a consequência de estarmos a beneficiar, dessa forma, o prevaricador, que não só não pode ser excluído da sociedade por falta de norma específica como também o não pode ser com base no contrato? A verdade é que admitir esta conclusão conduz ao seguinte resultado: o sócio prevaricador prejudica a sociedade, obtendo benefícios pessoais – independentemente de poder ser demandado em sede de responsabilidade civil ou criminal –, tendo ainda a possibilidade de transmitir as suas acções e de realizar, dessa forma, algumas mais-valias, ficando a sociedade numa posição de total passividade e sujeição. Não será, com certeza, uma solução justa.

---

[266] SOVERAL MARTINS, "Cláusulas do contrato...", ob. cit., pág. 322.

O princípio da livre transmissibilidade das participações sociais tem pleno funcionamento quando nos estejamos a cingir à grande sociedade anónima, surgindo como norma que tutela a posição sobretudo dos sócios minoritários e o seu interesse em investir//desinvestir. Porém, cai mal quando se trate, mais uma vez, da sociedade anónima fechada, desde logo quando na concreta modelação do tipo social este seja um princípio de todo inexistente. E ao admitirmos que a este sub-tipo de sociedade anónima é de aplicar, ainda que por analogia, o regime do direito de exclusão previsto para as sociedades por quotas, a verdade é que a possibilidade de exclusão com base no contrato se transforma numa limitação à transmissibilidade das acções que é admitida por lei (art. 241.º n.º 1, segunda parte), não se contrariando dessa forma o art. 328.º n.º 1. Na verdade, o art. 241.º, aplicável por analogia, permite que o contrato de sociedade (anónima) preveja casos de exclusão no seu pacto social, pelo que a violação do princípio da livre transmissibilidade das acções tem, por essa via, fundamento legal, sendo, por isso, admissível.

Por fim duvidamos ainda que a previsão de causas de exclusão no contrato de sociedade correspondam a uma verdadeira limitação à transmissibilidade das acções. Desde logo sabemos que não são admissíveis as chamadas cláusulas de transmissão obrigatória, enquanto "...*cláusulas que obriguem à transmissão das acções verificado determinado pressuposto...*"[267], mas a verdade é que a cláusula de exclusão pode ser construída de tal forma que não se consubstancie numa cláusula desse tipo. Bastará para tanto conjugar o regime da exclusão com o regime da amortização-extinção de acções para chegar à consequência da extinção das participações sociais do sócio a excluir.

Por outro lado as acções serão transmissíveis a todo o tempo, desde que não estejam sujeitas a limitações permitidas por lei, pelo que o sócio tem sempre o direito de decidir acerca do seu destino. Isto até ao momento em que com o seu comportamento prejudique significativamente o escopo da sociedade, adoptando conduta que de antemão ficou acordada como susceptível de conduzir à exclusão – a exclusão surge assim como condição suspensiva e que decorre

---

[267] SOVERAL MARTINS, "Cláusulas do contrato de sociedade...", ob. cit., pág. 320.

de um comportamento do sócio; quando ele age de forma a accionar a cláusula está a colocar-se em posição de não poder transmitir as suas acções. E este não se pode opor a tal consequência, salvo invocando que a sua conduta não preencheu o tipificado na cláusula, desde logo porque a aceitou quando ingressou na sociedade. Invocar a sua nulidade para obstar à exclusão corresponde indesmentivelmente a um abuso de direito, por consubstanciar um *venire contra factum proprium*.

Por tudo isto não nos custa admitir a inclusão de cláusulas de exclusão nos estatutos de uma sociedade anónima fechada quando se reconduzam a uma *justa causa*[268]

3.2. Interpretação analógica

Ainda que se considere que alguns casos serão de resolver por via interpretativa, pela mobilização de uma interpretação extensiva ou mesmo teleológica, a verdade é que parece ser insuficiente. Eles apenas resolverão, quando muito, casos de incumprimento de prestações, por parte do sócio ou mesmo apenas casos de incumprimento de prestações *pecuniárias*, mas já não servirão para dirimir conflitos que advenham de um qualquer comportamento e que não se subsumam às hipóteses previstas[269]. Estaremos por isso em face de uma lacuna, para supressão da qual teremos de nos socorrer do art. 2.º CSC, que dispõe o seguinte:

---

[268] A título de exemplo veja-se o seguinte artigo previsto nos estatutos da DDB, MOÇAMBIQUE, SA,

"Artigo Décimo segundo

(exclusão de accionista)

Um) Sem prejuízo do disposto na lei, um accionista poderá ser excluído da sociedade na sequência de deliberação unânime dos sócios:
  a) Quando lhe seja imputável violação grave das suas obrigações para com a sociedade, designadamente a de não concorrência ou quando for destituído da administração com fundamento em justa causa que consista em facto culposo susceptível de causar prejuízo à sociedade;
  b) Em caso de interdição, inabilitação, declaração de falência ou de insolvência do sócio;

Artigo 2.º
Direito subsidiário

Os casos que a presente lei não preveja são regulados segundo a norma desta lei aplicável aos casos análogos e, na sua falta, segundo as normas do Código Civil sobre o contrato de sociedade no que não seja contrário nem aos princípios gerais da presente lei nem aos princípios informadores do tipo adoptado.

Considerando que se trata na verdade de uma lacuna há que proceder à sua integração de acordo com uma norma do código das sociedades comerciais que seja aplicável a um caso análogo, ou seja, há que procurar uma norma que dê resposta a um problema semelhante, num contexto semelhante.

Nesse sentido encontramos a norma do art. 242.º, na parte relativa às SQ, onde se resolve o preciso problema para o qual procuramos agora solução – o conflito existente entre o sócio e a sociedade, provocado por aquele em violação do dever de lealdade e que lhe causa prejuízos actuais ou potenciais. Resta determinar se o *contexto* é semelhante, isto é, resta saber se as razões que levam à aceitação do direito de exclusão na sociedade por quotas estão igualmente presentes em caso de transposição do referido conflito para o âmbito da sociedade anónima.

Pois bem, não foi mais do que isso aquilo que se pretendeu demonstrar, a eventual semelhança ou proximidade entre os dois tipos sociais nomeadamente quando nos estejamos a referir a uma pequena e fechada sociedade anónima[270], onde vimos que a pessoa do sócio pode exercer papel relevante e idêntico ao desempenhado por um sócio de uma SQ.

---

    c) Em caso de condenação por prática de crime doloso a que corresponda pena de prisão superior a três anos; e
    d) Em caso de recusa de transmissão das suas acções na sequência de ter proposto a sua transmissão, da sociedade ter consentido essa transmissão e de um ou mais sócios terem exercido o direito de preferência.

Dois) A deliberação da assembleia-geral que determinar a exclusão de um accionista deverá determinar a forma de amortização dessas acções, sem prejuízo dos direitos já adquiridos e das obrigações já vencidas."

[269] Por exemplo, comportamentos que violem o dever de lealdade.

[270] Para uma última argumentação a favor da similitude entre os dois tipos sociais recorremos a palavras de Pedro Maia, em entrevista à revista Vida Económica, de sexta-feira, 10 de Novembro de 2006, onde o Autor, pronunciando-se acerca da reforma

Daí que nos inclinemos para aceitar a aplicação analógica da norma do art. 242.º à situação de conflito existente na sociedade anónima, tanto mais quanto esta dispõe que a exclusão deve ocorrer com o concurso de uma decisão judicial, pelo que desta forma se excluem eventuais arbítrios e se salvaguarda a posição jurídica do sócio a excluir. Será o juiz a dirimir tal conflito, mas ele não deixa de ser resolvido. O mesmo não se pode dizer no caso de não se admitir tal integração analógica, o que nos levaria à conclusão de que a exclusão de sócio está vedada na sociedade anónima, seja qual for o tipo real que ela assuma e seja qual for o comportamento do sócio. Tal representará uma conclusão absurda porque abre a porta a abusos contra os quais apenas se pode reagir em termos indemnizatórios, sendo a sociedade obrigada a suportar, *ad eternum*, a presença do sócio, em prejuízo para os demais accionistas e para si própria[271].

3.3. Recurso ao direito civil como direito privado comum

Uma última hipótese para salvaguardar a aplicabilidade do direito de exclusão de sócio na sociedade anónima parte da consideração do papel do *direito civil* quer como direito integrador de lacunas quer, eventualmente, como direito privado comum – e da consequente consideração do direito comercial, neste caso, societário, como direito privado *especial*).

Se não admitirmos a analogia entre o conflito a que a norma do art. 242.º pretende dar resposta e um concreto conflito que surja no âmbito de uma sociedade anónima deveremos recorrer às "*normas do Código*

---

introduzida pelo Decreto-lei n.º 76-A/2006 de 29 de Março, refere que «"*Não existe, em muitos aspectos, uma diferença substancial*" entre a sociedade por quotas e a sociedade anónima, "*quando esta seja uma sociedade fechada e pequena*". E, por isso, "*uma certa aproximação de regimes não é criticável*".» Em outra passagem pode ler-se «O que verdadeiramente incomoda Pedro Maia, porque, "*aí sim, existe uma diferença essencial, fracturante mesmo, é o paralelismo de regras entre a sociedade anónima fechada (a pequena anónima) e a grande anónima ou a anónima aberta*". "*A minha preferência seria por um regime exclusivo para as anónimas abertas – pensado inteiramente e exclusivamente para essas sociedades – e, um outro, separado daquele, para as anónimas pequenas, que até poderia ser muito próximo do regime das sociedades por quotas*", diz.»

[271] Sem falar nos prejuízos indirectos para os trabalhadores e para os credores sociais.

Civil sobre o contrato de sociedade no que não seja contrário nem aos princípios gerais da presente lei nem aos princípios informadores do tipo adoptado", como indicado no art. 2.º CSC. E então deveremos considerar sempre como possível a exclusão de sócio nos termos do art. 1003.º CC, sobretudo no que se refere à sua alínea a), onde se estabelece a exclusão no caso de ao sócio ser imputada *"violação grave das obrigações para com a sociedade"*.

Mas isto, claro, se considerarmos que tal interpretação não é contrária aos *"princípios informadores do tipo adoptado"* (art. 2.º CSC), o que sucede unicamente se aceitarmos o tipo sociedade anónima na abrangência e multiplicidade que vimos ser possível e na sua (possível) *matização* personalística.

Diferente caminho será o de considerar o direito civil como direito privado comum. Mas isto valerá apenas se pudermos transpor para o âmbito do estrito direito societário as considerações que se podem fazer acerca da fragmentaridade do direito comercial, em termos de afirmar que «*o legislador comercial, não aspirando a regular todos os aspectos das relações que qualifica como comerciais (...)*, *"deixa de caso pensado a disciplina de grande número de aspectos das relações comerciais ao abrigo de preceitos de direito civil, como direito comum das relações privadas"*»[272].

Aliás, tal consideração não será totalmente despicienda mesmo quando nos estejamos a referir estritamente ao direito societário, na medida em que não é mais do que isso o que de facto sucede desde logo com a própria noção de *sociedade* – esta não é fornecida pelo legislador societário que *"terá entendido que, sendo a sociedade uma figura do direito privado geral, a sua definição como tal há-de procurar-se na lei civil"*[273].

No entanto, a dificuldade de aceitação da referida interpretação parece residir no facto de o legislador ter expressamente previsto um regime jurídico de exclusão tanto para as SNC como para as SQ, o que implica que pretendeu estabelecer um regime diferenciado do previsto no código civil.

---

[272] CASSIANO DOS SANTOS, referindo-se ao pensamento de VASCO LOBO XAVIER.

[273] FERRER CORREIA (com a colaboração de V. LOBO XAVIER, M. HENRIQUE MESQUITA, J. M. SAMPAIO CABRAL e ANTÓNIO CAEIRO), "Lições de direito comercial", vol. II – Sociedades Comerciais (Doutrina geral), Universidade de Coimbra, 1968, pág. 4.

No que às sociedades anónimas diz respeito a falta de previsão legal do direito de exclusão parece ter ficado a dever-se mais a uma intenção específica, apoiada na convicção de que neste tipo social o mesmo se revelaria um instituto desnecessário, do que a uma remissão implícita para o direito civil[274].

Daí que a solução para a ocorrência de factos potenciadores da necessidade da aceitação de um direito de exclusão de sócio se devam procurar mais na proximidade entre a sociedade anónima e a sociedade por quotas do que numa especial relação da primeira com o direito civil.

---

[274] Remissão essa para um regime que de resto parece não assentar bem a este tipo social, quer pela ampla possibilidade de exclusão por ocasião de *"violação grave das obrigações para com a sociedade"* (art. 1003.º CCiv) sem se ter em conta a verificação de prejuízos reais ou potenciais (como sucede no art. 242.º n.º 1 CSC), quer pela ampla possibilidade de previsão contratual de causas de exclusão (art. 1003.º CCiv), quando no CSC tal apenas é permitido, para as SQ, em respeito à pessoa do sócio ou a um seu comportamento (241.º n.º 1 CSC).

V
CONCLUSÕES

1

Ao longo da presente obra tivemos oportunidade de conhecer um pouco melhor a figura jurídica da exclusão de sócio e o papel que esta desempenha no (r)estabelecimento dos equilíbrios na estrutura interna da sociedade.

2

Começámos por caracterizar o direito de exclusão enquanto direito potestativo atribuído à sociedade e que lhe confere a possibilidade de afastar um sócio que ponha em causa a prossecução do fim social por um facto derivado da sua conduta ou da sua pessoa, sempre que para tal exista fundamento legal ou contratual que se sustente numa justa causa ou justo motivo.

3

Procedemos depois a uma distinção que serviu fundamentalmente para delimitar a fronteira entre o direito de exclusão e demais causas que tendem a produzir o mesmo resultado, mas por vias diferentes e mediante requisitos e pressupostos próprios. Traçámos por isso o limite entre o direito de exclusão e a transmissão da totalidade das participações sociais, a aquisição tendente ao domínio total, a amortização de participações sociais e a exoneração de sócio.

4

Optámos depois por aprofundar aquilo a que se poderá chamar de *pré-história* do direito de exclusão, nomeadamente tendo em conta a forma de surgimento da sociedade comercial, onde aquele inevitavelmente se insere. Na verdade, não faz sentido falar de exclusão de sócio num contexto isolado ou não societário, pelo que se impunham considerações, ainda que breves, acerca do surgimento da sociedade comercial e dos seus iniciais interesses e posteriores desenvolvimentos. Apercebemo-nos que a necessidade de um direito de exclusão, que aparentemente não se fazia sentir ao tempo da criação da sociedade anónima – atendendo, nomeadamente à configuração com que esta se deu a conhecer ao mundo – ganhou progressivamente um maior relevo com a introdução ou reconhecimento de elementos personalísticos naquela que surgira como protótipo das sociedades de capitais. Impôs-se, por isso, compreender o actual fenómeno da tipicidade societária, reconhecendo não só os tipos legais mas sobretudo os tipos reais (ou contratuais) de sociedade.

5

No que diz respeito ao fundamento jurídico da exclusão, matéria intimamente relacionada com a titularidade do direito e com os interesses que com tal figura se pretendem proteger, deparámo-nos com a *vexata quaestio* da natureza jurídica da sociedade comercial (o que confirma, por outro lado, a necessidade de um tratamento prévio das questões relacionadas estritamente com a sociedade comercial, antes de enveredar pela análise de um instituto que lhe é próprio ou funcional) – *institucionalismo* vs. *contratualismo*. Por nossa parte cremos que o direito de exclusão é da titularidade da sociedade, que apenas está habilitada a exercê-lo quando um sócio tenha entravado (injusta e injustificadamente) a realização do fim social, prejudicando não só a própria sociedade – que tem personalidade jurídica e é independente das pessoas dos sócios – mas também os outros sócios – que, no momento da celebração do contrato de sociedade, se vinculam ao *exercício em comum* de determinada actividade.

6

Uma vez analisada a questão da natureza jurídica da sociedade comercial impunha-se um enquadramento histórico do direito de exclusão, examinando sobretudo os interesses e as necessidades que exigiram a sua previsão legal, já que se trata de um direito que foi sendo introduzido na regulamentação societária pré-existente. Verifica-se hoje uma tendência para aceitar de forma mais ampla a possibilidade de exclusão de um sócio tendo porventura em consideração a necessidade de tutela da sociedade contra actuações de sócios que impliquem uma improdutividade daquela e um prejuízo para os demais (sócios, trabalhadores ou credores sociais – *maxime, stakeholders*).

7

Promovemos igualmente uma análise de direito comparado efectuando um percurso por alguns dos mais importantes ordenamentos jurídicos estrangeiros no que diz respeito à regulamentação legal do direito de exclusão. Concluímos que ainda não se verifica uma perfeita regulamentação e uma total aceitação da existência de tal direito, podendo mesmo dizer-se que o direito português se inclui entre os mais progressistas nesta matéria, sobretudo pela previsão do art. 242.º CSC onde se inclui uma cláusula geral de exclusão, poupando-se a necessidade de construções doutrinais mais ou menos artificiais e sem aderência à normatividade (e, mais importante, à realidade).

Não obstante a praticamente inexistente regulamentação legal nesses ordenamentos jurídicos a verdade é que a doutrina tem vindo a admitir a possibilidade contratual de previsão de específicas causas de exclusão na sociedade anónima, ao mesmo tempo que suscitam a intervenção do legislador.

8

Procedeu-se ainda a uma análise da regulamentação legal do direito de exclusão no direito português, com especial incidência no regime da sociedade por quotas, não só para determinar os interesses salvaguardados pelo legislador mas igualmente porque consideramos que, mediante certa conjuntura, as sociedades anónimas podem ser consideradas *genus proximum* da sociedade por quotas, em termos de ser de lhe aplicar, ainda que por analogia, o regime relativo à exclusão.

9

No que diz respeito à sociedade anónima a verdade é que o legislador português não lhe dedicou um regime geral tal como fizera para as sociedades por quotas, por certo porque ao consagrar inicialmente o seu regime tivera em mente o protótipo da grande sociedade tipicamente capitalística, onde o fim social se prossegue sem o necessário contributo directo da pessoa dos sócios.

10

No entanto, não deixámos de conjecturar duas hipóteses específicas de exclusão, que no entanto se relacionam somente com o incumprimento de determinadas prestações, desde logo a obrigação de entrada – o que se compreende por se tratar da principal obrigação dos sócios neste tipo de sociedades e atendendo ao regime de responsabilidade destes –, e a obrigação de prestações acessórias – pelas mesmas razões no caso de se tratar de uma prestação que tenha dinheiro por objecto, mas sem razão aparente no caso de se tratar de prestações de outro tipo (aliás, a estipulação de obrigação de prestações acessórias constitui um *entorse* ao regime capitalístico da SA, permitindo descortinar um outro regime que corresponderá à pequena ou fechada SA).

11

Na parte final do nosso trabalho dedicámo-nos em especial ao tratamento aprofundado do direito de exclusão na sociedade anónima, tentando compreender as razões que levaram ao tratamento diferenciado em relação à sociedade por quotas, no sentido de determinar se essas razões podem ainda hoje ser defensáveis, desde logo em face de sociedades anónimas pequenas, fechadas e mesmo familiares, que em muito se assemelham aqueloutras, sobretudo quando (as SQ) assumam uma feição mais capitalística.

Daí que tenhamos configurado em abstracto e com base no regime legal (sobretudo normas supletivas que podem ser afastadas pelas partes) um tipo de sociedade anónima onde, porque sobressai a figura do sócio em termos similares ao que sucede numa sociedade por quotas, se antevê a possibilidade de existência de um conflito entre este e a sociedade, em termos de ser de admitir um direito de exclusão para a sua resolução.

Admitimos pois o fenómeno da personalização ou personificação de certos tipos reais de sociedade anónima onde os deveres dos sócios se não resumem às prestações pecuniárias. Nesses tipos que apelidamos de *reais* mas que na verdade resultam do regime legal impenderá igualmente sobre os sócios um dever de lealdade, dever cuja violação poderá constituir justa causa de exclusão.

12

Na verdade, há actualmente ordenamentos jurídicos que optaram por uma via diferente daquela que foi seguida pelo nosso legislador quanto à regulamentação dos *(sub)tipos* de sociedade anónima, verificando-se uma tendência para o reconhecimento de um tipo intermédio entre a sociedade por quotas e a grande sociedade anónima – é isso que sucede com o *close corporations act,* com a *societé par actions simplifiée* e com a *sociedade europeia fechada.*

13

Na falta de regulamentação idêntica e em resposta àquilo que pensamos ser uma necessidade que se vem sentindo com cada vez mais premência na vida económica[275] – uma sociedade não pode ficar imobilizada pela conduta obstrutiva e prejudicial de um sócio – avançámos com soluções que passam pela aplicação da norma geral do art. 242.º CSC às sociedades anónimas, sempre que a analogia das situações o justifique. Ou seja, sempre que a estrutura concreta desta se aproxime da estrutura da sociedade por quotas, ou o mesmo será dizer, sempre que na prática a pessoa do sócio não surja na sombra do elemento capitalístico, em termos de uma sua conduta ou situação jurídica impedir injustificadamente a prossecução do interesse social.

Por isso, tendo em conta a função sócio-económica do direito de exclusão, concluímos pela indispensabilidade do seu reconhecimento em qualquer tipo societário onde se possa conceber como possível um conflito entre o sócio e a sociedade, causado pelo primeiro e que faça com que seja inexigível a esta suportar a presença daquele no seu seio.

---

[275] Veja-se o caso recente que opõe a Sociedade de Turismo e Diversões de Macau, (na pessoa de Stanley Ho) a uma das suas sócias, Winnie Ho, (irmã de Stanley Ho) onde se discute a possibilidade de exclusão desta, apesar de se tratar de uma sociedade anónima.

BIBLIOGRAFIA

ABÍLIO NETO, "Sociedades por quotas" 2.ª edição, PETRONY, 1979
ALBINO MATOS, "Constituição de sociedades, teoria e prática", 5.ª edição
ALEXANDRE MOTA PINTO, "Do contrato de suprimento, o financiamento da sociedade entre capital próprio e capital alheio", Almedina, 2002
ANTÓNIO CAEIRO "A exclusão estatutária do direito de voto nas sociedades por quotas", in "Estudos de direito comercial", Centro de Direito Comparado da Faculdade de Direito de Coimbra, 1969
____ ANTÓNIO CAEIRO, "As sociedades de pessoas no código das sociedades comerciais", Separata do número especial do BFD de Coimbra – «Estudos em homenagem ao Prof. Doutor Eduardo Correia», 1988
____ ANTÓNIO CAEIRO, "Temas de direito das sociedades", Almedina, Coimbra, 1984
ANTUNES VARELA, "Das obrigações em geral", vol. I, 10.ª edição, Almedina
AVELÃS NUNES, "O direito de exclusão de sócios nas sociedades comerciais", Almedina, Coimbra, 2002
____ AVELÃS NUNES, "Economia, vol. I, A Moeda", Apontamentos destinados aos alunos do 5.º ano da Faculdade de Direito de Coimbra
____ AVELÃS NUNES, "Economia, vol. II, O Crédito", Apontamentos destinados aos alunos do 5.º ano da Faculdade de Direito de Coimbra
BAPTISTA MACHADO, "Estudos em homenagem ao Prof. Teixeira Ribeiro", II, Jurídica, Coimbra, 1979
CAPÊLO DE SOUSA, "Teoria geral do direito civil", volume I, Coimbra Editora, 2003
CARLOS OSÓRIO DE CASTRO, "Valores mobiliários, conceito e espécies", 2.ª edição, UCP, Porto, 1998
CAROLINA CUNHA, "A exclusão de sócios (em particular nas sociedades por quotas), in "Problemas de Direito das Sociedades", IDET, Almedina, 2003
CASSIANO DOS SANTOS, "Apontamentos de Direito Comercial aos alunos do 4.º ano", 2005/2006
____ CASSIANO DOS SANTOS, "Direito Comercial Português", vol. I, Coimbra Editora, 2007
COUTINHO DE ABREU, "Curso de Direito Comercial, vol. II, Das Sociedades" 4.ª reimpressão da versão de 2002
____ COUTINHO DE ABREU, "Da Empresarialidade, As empresas no Direito", Almedina, 1996

— Coutinho de Abreu, "Sociedade anónima, a sedutora [Hospitais S.A, Portugal S.A], Almedina, 2003
Fabio Konder Comparato, in "Novos Ensaios e Pareceres de Direito Empresarial", Forense, 1981
Fernando José Bronze, "Lições de introdução ao direito", Coimbra Editora, 2002
Ferrer Correia, "A sociedade por quotas de responsabilidade limitada, segundo o código das sociedades comerciais", ROA, ano 47, Lisboa, Dezembro 1987
— Ferrer Correia (com a colaboração de V. Lobo Xavier, M. Henrique Mesquita, J.M. Sampaio Cabral e António Caeiro), "Lições de direito comercial", vol. II – Sociedades Comerciais (Doutrina geral), Universidade de Coimbra, 1968
— Ferrer Correia, Vasco Lobo Xavier, Maria Ângela Coelho e António Caeiro, "Sociedade por quotas de responsabilidade limitada. Anteprojecto de lei", in RDES, ano II, n.º 2, Julho/Dezembro, 1976
Frédéric Masquelier e Nicolas Simon de Kergunic, "Société par actions simplifiée", Création, Gestion, Évolution, 3e édition, Delmas, 2002
Frederico Bellini, "Il sócio`assenteista´", Teoria e pratica del diritto, Giuffrè Editore, 2005
Frederico de Lacerda da Costa Pinto, "O novo regime dos crimes e contra-ordenações no código dos valores mobiliários", Almedina, 2000
Giuseppe Stassano, Matteo Stassano, "Il recesso e l`esclusione del sócio nella s.r.l e nella s.p.a, La nuova disciplina civilistica"
J.J. Gomes Canotilho, "Direito Constitucional e Teoria da Constituição", 6.ª edição, Almedina
João Cura Mariano, "Direito de exoneração dos sócios nas sociedades por quotas", 2005, Almedina.
João Labareda, "Das Acções das Sociedades Anónimas", Lisboa, A.A.F.D.L. 1988
Jorge Leite, "Direito do trabalho", vol. II, Serviços de acção social da UC, 2004
Leonardo Corrêa, "Dissolução de sociedade anônima por quebra da affectio societatis"
Manuel de Andrade, "Sentido e valor da Jurisprudência", Coimbra, 1973
Marcelo Mendonça de Carvalho, "A exclusão de sócios na sociedade anónima", Dissertação de mestrado apresentada no Curso de Mestrado em Direito da Universidade Católica Portuguesa, na área de especialização das ciências jurídico-comerciais, do ano lectivo 2001-2002, (texto não publicado, gentilmente cedido pelo Autor)
Menezes Cordeiro, "Evolução do direito europeu das sociedades", ROA Ano 66 – Vol. I – Jan. 2006
— Menezes Cordeiro, "A lealdade no direito das sociedades", ROA, Ano 66. – Vol. III – Dez. 2006

MENEZES LEITÃO, "Pressupostos da exclusão de sócio nas Sociedades Comerciais", 2.ª reimpressão, Lisboa, 2004
MERCEDES SÁNCHEZ RUIZ, "La facultad de exclusión de sócios en la teoría general de las sociedades" THOMSON, CIVITAS, 2006
MOTA DE CAMPOS, "Manual de direito comunitário", 4ª edição, Fundação Calouste Gulbenkian, 2004
MOTA PINTO, "Teoria geral do direito civil", 4.ª edição por ANTÓNIO PINTO MONTEIRO e PAULO MOTA PINTO, Coimbra Editora, 2005
NOGUEIRA SERENS, "Notas sobre a Sociedade Anónima", BFD, 2.ª edição, 1997
―― NOGUEIRA SERENS, "Os Quinze Anos de Vigência do Código das Sociedades Comerciais", AAVV
ORLANDO DE CARVALHO, "Critério e estrutura do estabelecimento comercial", Atlântida, Coimbra, 1967
PAULO DE TARSO DOMINGUES, "Capital e património sociais, lucros e reservas" in *Estudos de direito das sociedades*, AAVV, 7.ª edição
PAULO OLAVO CUNHA, "Direito das Sociedades Comerciais", Almedina, 2006
PEDRO MAIA, "Tipos de sociedades comerciais", in *Estudos de direito das sociedades*, AAVV, Almedina, 7.ª edição
―― PEDRO MAIA, "Deliberações dos sócios", in *Estudos de direito das sociedades*, AAVV, Almedina, 7.ª edição
PEDRO PAIS DE VASCONCELOS "A participação social nas sociedades comerciais", Almedina, 2006, 2.ª edição
PEREIRA DE ALMEIDA, "Sociedades Comerciais", 3.ª edição, Coimbra Editora, 2003
PINTO FURTADO, "Código comercial anotado", vol. I, Almedina 1975
PUPO CORREIA "Direito Comercial", 8.ª edição revista e actualizada, Ediforum, Lisboa, 2003
RAÚL VENTURA, "Sociedades comerciais: dissolução e liquidação", vol. I, Edições Ática, 1960
―― RAÚL VENTURA, "Sociedades por quotas – Comentário ao Código das Sociedades Comerciais", vol. I, 2.ª edição, Almedina, 1989
RENATO VENTURA RIBEIRO, "A exclusão de sócios nas sociedades anônimas" – São Paulo: Quartier Latin, 2005
RUI MANUEL FIGUEIREDO MARCOS, "As Companhias Pombalinas – Contributo para a História das Sociedades por Acções em Portugal", Almedina 1997
SOVERAL MARTINS, "A cessão de quotas", parte II, Apontamentos para os alunos de direito comercial, 5.º ano, 2006/2007
―― SOVERAL MARTINS, "A cessão de quotas – alguns problemas", Almedina, 2007
―― SOVERAL MARTINS "Cláusulas do contrato de sociedade que limitam a transmissibilidade das acções. Sobre os arts. 328.º e 329.º CSC", Almedina, 2006.
―― SOVERAL MARTINS / MARIA ESLISABETE RAMOS, "As participações sociais", in *Estudos de direito das sociedades*, AAVV, ALMEDINA, 7.ª edição
V.G. LOBO XAVIER, "Sociedades comerciais", Lições aos alunos de Direito Comercial do 4.º ano jurídico, Coimbra, 1987

SÍTIOS

http://www.dgsi.pt/jtrl.nsf/33182fc732316039802565fa00497eec/c33f3143c07c44ec802568030004d548?OpenDocument

http://www.dgsi.pt/jtrp.nsf/c3fb530030ea1c61802568d9005cd5bb/eb7084ed691441378025686b006708fc?OpenDocument

http://www.dgsi.pt/jtrl.nsf/33182fc732316039802565fa00497eec/3efc64125fe53bb3802572a4003b4986?OpenDocument

http://www.dgsi.pt/jtrp.nsf/c3fb530030ea1c61802568d9005cd5bb/a4b0f3dc5ab7133480256fcc003c5040?OpenDocument

http://www.dgsi.pt/jstj.nsf/954f0ce6ad9dd8b980256b5f003fa814/782f63b93ca1226b802568fc0039ad08?OpenDocument

http://www2.egi.ua.pt/xxiiaphes/Artigos/a Neves.PDF - propriedade e gestão nas grandes empresas num pequeno país: Portugal, 1850-1914 (PEDRO NEVES)

http://www.esce.ips.pt/disciplinas/licenciatura/pg/arquivo/EBENESPANHA2006PME.pdf.

http://www.oa.pt/Conteudos/Artigos/detalheartigo.aspx?idc=31559&idsc==54103&ida=54129

http://homepages.law.asu.edu/~dkarjala/Articles/AzStLJFall1989.html - FN;Fa

http://www.oa.pt/Conteudos/Artigos/detalhe artigo.aspx?idc=31559&idsc==47773&ida=47809

http://jus2.uol.com.br/doutrina/texto.asp?id=3408

http://www.dgsi.pt/jstj.nsf/954f0ce6ad9dd8b980256b5f003fa814/08f43c6092693bd880256dff0038af91?OpenDocument

ÍNDICE

ABREVIATURAS 13

I
NOÇÃO DE DIREITO DE EXCLUSÃO E DISTINÇÃO EM RELAÇÃO A FIGURAS PRÓXIMAS

1. Introdução 15
   1.1. Inserção da figura jurídica da exclusão na matéria relativa à perda da qualidade de sócio 15
   1.2. Distinção entre o direito de exclusão e demais causas de perda da qualidade de sócio 17
      1.2.1. Transmissão de participações sociais 17
      1.2.2. Aquisição tendente ao domínio total (squeeze-out) 18
      1.2.3. Amortização de participações sociais 19
      1.2.4. Exoneração de sócio 20
2. Exclusão de sócio 20
   2.1. O direito de exclusão como modelo de resolução de um concreto conflito de interesses 22
   2.2. Noção de direito de exclusão 24

II
COMPREENSÃO DA NATUREZA JURÍDICA DO DIREITO DE EXCLUSÃO E DO ACTUAL FENÓMENO DA TIPOLOGIA SOCIETÁRIA

1. A exclusão de sócio nas sociedades comerciais. Uma aproximação à figura jurídica 27

1.1. A precedência (histórica) da Empresa em relação à Sociedade. 27
1.2. A exclusão de sócio como problema não autónomo 30
2. O direito de exclusão de sócio à luz da eterna controvérsia entre institucionalismo e contratualismo. A natureza jurídica do direito de exclusão 31
3. O direito de exclusão nas sociedades de pessoas e nas sociedades de capitais – manifestação de um intuitus personae. A miscigenização dos tipos societários 47
   3.1. Caracterização do direito de exclusão 47
   3.2. A compreensão do fenómeno actual da tipicidade societária à luz do intuitus personae 52

III

SURGIMENTO DA FIGURA DA EXCLUSÃO
E SUA SOBREVIVÊNCIA NOS ORDENAMENTOS
JURÍDICOS DA ACTUALIDADE

1. A origem do instituto da exclusão de sócio 57
2. Um percurso pela regulamentação de exclusão de sócio nos ordenamentos jurídicos estrangeiros 60
   2.1. O direito alemão 60
   2.2. O direito espanhol 62
   2.3. O direito italiano 64
   2.4. O direito francês 65
   2.5. O direito brasileiro 66
3. A exclusão de sócio no direito português 68
   3.1. Generalidades 68
   3.2. Sociedades em nome colectivo 68
   3.3. Sociedades por quotas 70
      3.3.1. O sócio remisso 70
      3.3.2. Incumprimento da obrigação de efectuar prestações acessórias. Remissão 73
      3.3.3. Incumprimento da obrigação de efectuar prestações suplementares 75
      3.3.4. Abuso de direito de informação 77
      3.3.5. O regime geral da exclusão de sócio nas SQ 80
      3.3.6. Exclusão judicial de sócio 85

3.3.7. O direito de exoneração em caso de não exclusão ... 90
3.3.8. Titularidade do direito e impedimentos de voto ... 94
3.3.9. A eventual possibilidade de construção de um regime jurídico fundado na justa causa de exclusão ... 96
3.4. Sociedades anónimas 100
   3.4.1. O accionista remisso. Incumprimento da obrigação de realizar a entrada 103
   3.4.2. A obrigatoriedade de efectuar prestações acessórias. Incumprimento 109

IV
O DIREITO DE EXCLUSÃO NA SOCIEDADE ANÓNIMA

1. O regime jurídico do direito de exclusão na SA 114
   1.1. Inexistência de um regime jurídico-legal de direito de exclusão na SA 114
   1.2. A inexistência como uma lacuna ou a necessidade de existência de um regime de exclusão de sócio na SA 115
   1.3. Razão da distinção entre SA e SQ 116
2. A caracterização de S.A. na actualidade. A manifestação de um intuitus personae? 120
   2.1. A sociedade anónima como forma de exploração de uma pequena ou média empresa 120
   2.2. Reconhecimento de um intuitus personae na SA 122
      2.2.1. SA não abertas (art. 13.º CVM) 126
      2.2.2. SA com limites à transmissibilidade das acções (328.º) 128
      2.2.3. Acções nominativas 129
      2.2.4. SA cujo contrato estabeleça a obrigação de prestações acessórias (287.º) 131
      2.2.5. Em que os administradores sejam sócios (390.º n.º 3) 132
      2.2.6. Que constituam uma firma-nome (275.º n.º 1) 133
      2.2.7. Capital social mínimo (276.º n.º 3) 136
      2.2.8. Número mínimo de sócios (273.º n.º 1) 137
      2.2.9. Previsão de casos em que se impõe ou permite a amortização das participações sociais 137

2.2.10. Outros casos onde se revela a personalização da SA 138
2.3. O reconhecimento legal de sociedades anónimas com intuitus personae 139
    2.3.1. Close corporations act 139
    2.3.2. Societé par actions simplifiée 143
    2.3.3. Sociedade europeia fechada 145
3. Formas de integração ou supressão da lacuna. Possibilidades de configuração de um regime jurídico com base na lei   147
    3.1. Interpretação extensiva. Os artigos 285.º e 287.º 147
        3.1.1. A exclusão como consequência para o incumprimento da obrigação de realizar qualquer contribuição pecuniária 148
        3.1.2. A exclusão com fundamento no contrato de sociedade. 149
    3.2. Interpretação analógica 154
    3.3. Recurso ao direito civil como direito privado comum 156

V

CONCLUSÕES

BIBLIOGRAFIA 165

SÍTIOS 168

ÍNDICE 169